Heilen aus geistiger Kraft

ECON Ratgeber

Anton Stangl

Heilen aus geistiger Kraft

Zur Aktivierung innerer Energien

ETB
ECON Taschenbuch Verlag

ECON Taschenbuch Verlag GmbH, Düsseldorf
Lizenzausgabe Juli 1984
© ECON Verlag GmbH, Düsseldorf-Wien 1980
Umschlaggestaltung: Ludwig Kaiser
Titelfoto: Michael Fiala
Druck und Bindearbeiten: Ebner Ulm
Printed in Germany
ISBN 3 612 20029 1

Inhalt

Inhalt

»Wer seinen Geist auf *einen* Punkt zu sammeln weiß,
dem ist kein Ding unmöglich.«

Gautama Buddha

»Alle Dinge sind möglich dem, der da glaubt.«

Markus 9,23

»Das Atom öffnet der Menschheit die Tür in die ver-
lorene und vergessene Welt des Geistes.«

Max Planck

Einführung

»Heilen aus geistiger Kraft«, »Geistiges Heilen«: Wer sich damit noch nicht intensiver beschäftigt hat, wird vielleicht an irgendwelche geheimnisvollen Machenschaften, an mysteriöse Prozeduren oder Manipulationen denken. An etwas, das man allenfalls bei Heiligen halbwegs ernst zu nehmen hätte, und: Wo gibt es heute noch Heilige? Etwas, dem vielleicht leichtgläubige Leute zum Opfer fallen könnten. Etwas, das einen sofort zu äußerster Skepsis und größter Vorsicht gegenüber Scharlatanen, falschen Wunderheilern und ähnlichen Personen mahnen müßte!

Was ist geistiges Heilen wirklich? Daß für denjenigen, der sich ernsthaft mit der ganzen Problematik auseinandergesetzt hat, von all dem nichts übrigbleibt, soll dieses Buch so knapp und so klar wie möglich aufzeigen. Das kann nicht geschehen ohne ausreichende Bemühung, auf die menschheitsalten Fragen nach dem Standort des Menschen in dieser Welt eine möglichst klare Antwort zu finden. Natürlich können auf diese wesentlichen Fragen philosophischer, religiöser, anthropologischer, psychologischer Art – wie immer Sie es unter welchem Aspekt auch nennen wollen – keine Patentantworten gegeben werden. Und trotzdem läßt sich auch dem kritischen Menschen, wenn er nur die Grenzschwellen seines vordergründigen Intellekts zu überschreiten den Mut hat, eine in der Tat ebenso klare wie befriedigende Antwort geben.

Im Grunde ist damit schon gesagt: *Es geht in diesem Buch in der Hauptsache nicht um körperliches Heilen derart*, daß die sozusagen äußere Gesundheit und nur diese wiederherzustellen sei. In der Hauptsache geht es darum, einen Weg zur inneren Entwicklung und Vervollkommnung deutlich zu machen, der auch die körperliche, die äußere Gesundheit zu bewahren bzw. wiederherzustellen in der Lage ist. Denn die körperliche Unordnung ist immer ein Signal, eine Aufforderung an den Menschen zu erkennen, daß in seinem Inneren, in seinem eigentlichen Wesen etwas in Unordnung geraten ist, daß etwas Wesentliches im Sinn der großen Ordnung nicht stimmt. Wer das Signal vernimmt, kann sich entsprechend verhalten: Im Regelfall wird die körperliche Gesundheit sein sichtbarer Lohn sein. Wer die Aufforderung dieses Signals nicht aufnimmt, muß sich nicht wundern, wenn die äußere Gesundung ausbleibt. Es ist nur sein ganz persönliches, ureigenes Problem, wie er sich verhält. Denn jeder hat den freien Willen, sich so oder so zu verhalten.

Dieses Buch will also nicht das nur oberflächliche geistige Heilen propagieren, das bloß den Körper sieht. Es will nicht Mißtrauen gegen die notwendige körperliche Hilfe durch die Medizin und die Ärzteschaft mit den hervorragenden Hilfsmitteln unserer Zeit säen. Es will schon gar nicht die Verantwortung für das eigene Wohlbefinden auf andere Menschen oder Institutionen dadurch abzuschieben versuchen, daß man sich kritiklos einem ärztlichen Helfer oder einem geistigen Heiler übergibt, der dann bei eigener Passivität für die Herstellung der eigenen Gesundheit für zuständig und gleichsam verantwortlich gehalten wird.

Es will ganz im Gegenteil die höchstpersönliche Verantwortlichkeit eines jeden Menschen für sich selbst, für seine weitere Entwicklung und Vervollkommnung in aller Klarheit herausstellen. Denn das Kernproblem von Gesundheit oder Krankheit hat letztlich hier seine Wurzel. In erster Linie geht es dabei um die eigene Persönlichkeit, um den richtigen Ansatz für die echte Hilfe für sich selbst, also um die Selbstheilung. Und erst in zweiter Linie um die Hilfe für andere Menschen, also um die Fremdheilung. (Schon an dieser Stelle sei gesagt: Kaum etwas ist so verwerflich, wie andere Menschen um ihre innere Freiheit zu bringen und sie aus Ichsucht in den Bannkreis eines unbeherrschten Herrschtriebs zu ziehen, wie das einige sogenannte Geistheiler unter dem Mäntelchen des Dienstes am Nächsten zu tun verstehen.)

Ein so ungewöhnlicher und heute noch vielfach unbekannter Gegenstand wie der des geistigen Heilens führt natürlich sofort zu entsprechender Kritik. Im Hinblick darauf hier nur einige Fragen:
– Kann irgend jemand auf der Welt ein fundiertes Urteil abgeben über etwas, wenn er sich nicht frei von einem Vor-Urteil damit hinreichend gründlich auseinandergesetzt hat?
– Ist es nicht eine Erfahrung aus allen Zeiten und hundertfach nachgewiesen, daß der Mensch stets das zu verdrängen und zu negieren geneigt ist, was der gerade herrschenden allgemeinen Ansicht zu widersprechen scheint?
– Kann die äußere Welt etwa zum Besseren hin verändert werden, wenn wir nicht zuvor unsere innere Welt und unsere innere Einstellung entsprechend verändert haben?
– Macht uns die bloß verstandesmäßige Erklärung eines vorher unerklärlichen Phänomens klüger oder weiser, solange wir nicht wissen, was das für uns als Menschen bedeutet?
– Sind wir heute im Zeichen des einseitig naturwissenschaftlichen Denkens nicht sofort bereit, alles als nicht existent von vornherein zu leugnen oder gar zu belachen, nur weil es sich mit dem geistigen Werkzeug der engen Naturwissenschaft nicht »nachweisen« läßt? Welch grandiose Selbstbeschränkung: Als ob der menschliche Geist nicht ständig weit über das materiell und grobsinnlich Faßbare hinaus wirken würde! Sie brauchen zum Beispiel nur an die instinktive Menschenkenntnis und ihre Bedeutung für das alltägliche Zusammenleben der Menschen zu denken. Alles intuitiv Erfaßte wächst aus dem eigentlichen Wesen der Dinge und Zusammenhänge. So haben die wahrhaft großen und genialen Denker das intellektunabhängige intuitive Erfassen immer in seinem Wert erkannt und es entsprechend zu nutzen gewußt, bis hin zu den großen Physikern und Atomwissenschaftlern unserer Zeit.

Das darf jedenfalls getrost gesagt werden: *Wer seine unterbewußten Fähigkeiten und Kräfte zu befreien versteht* von den üblichen rationalen Banden, die sie umklammern und nicht freigeben wollen, wer sie im Sinn seiner weiteren Persönlichkeitsentwicklung zur Entfaltung zu bringen weiß, für den öffnet sich eine geradezu ungeahnt weite Welt von tiefen Erkenntnissen, die ihn hoch hinausheben über die vorherige Begrenztheit des bewußt denkenden Verstandes. Er muß nur ganz unvoreingenommen und in echter und tiefer Demut zu Werke gehen, sonst bleibt ihm die große, die unendliche, im tiefen Sinn geistige Welt verschlossen. Die Gründe dafür wird die Lektüre dieses Buches noch deutlich machen.

Was wir hier in unmißverständlicher Klarheit herausstellen wollen, ist der heute so weitverbreitete *Irrglaube von der Isolierung des Intellekts, die das große Heil bringe*. Die menschliche Vernunft ist nicht nur Logik. Unser Unglück ist nicht die Weiterentwicklung des Intellekts, sondern seine Herauslösung aus der Ganzheit des Menschen, seine Isolierung vom spezifisch Menschlichen. Die Ratio ist im Begriff, sich von ihrer Grundlage im Menschen, dem emotionalen Untergrund, zu lösen. Sie verselbständigt sich und wird damit zum Tyrann dessen, dem sie dienen soll. So sind die Wissenschaft und die von ihr geborene Technik dem Menschen gleichsam davongelaufen, und so fängt er jetzt deutlich sichtbar an, deren Sklave zu werden. Dem gar nicht mehr überschaubaren Wissen (»Wissen«-schaft) steht nur noch ein blasses, ja bläßlich gewordenes seelisches Leben gegenüber!

Die grandiose Selbstbeschränkung des menschlichen Intellekts und seiner Logik will nur sich selber in der isolierten Form gelten lassen. Die an die Materie gebundene Naturwissenschaft der westlichen Welt wendet sich seit Jahrhunderten nur dem Kleinen, dem Speziellen, dem Speziellen vom Speziellen bis zum Atomkern zu und will damit die letzten Geheimnisse der Natur ergründen. Dabei ist doch augenfällig, daß die höhere Daseinsform stets die niedrigere, einfachere bestimmt und beherrscht – und nicht umgekehrt. Noch so viele Insekten können kein Wirbeltier schaffen, noch so viele Schüler keinen Professor hervorbringen, noch so viele herumliegende Eisenteile irgendwelcher Art keine Brücke konstruieren. Zuerst muß das Ganze, das Bild vom Ganzen dasein. Wo bietet uns die materialistisch orientierte Naturwissenschaft das Bild vom ganzen Menschen, der hineingestellt ist in eine Welt, die Teil ist eines gigantischen Universums? Wo bietet sie uns das über allem stehende »Bild« der Gesetzlichkeiten, denen der Mensch in dieser seiner Position unterworfen ist? – Ja, das interessiert unsere Wissenschaft doch überhaupt nicht: Sie maßt sich aber an, diese ihre Beschränktheit zu verabsolutieren. Erklärt sie doch großzügig die Kriterien der engen Naturwissenschaft zum einzig brauchbaren geistigen Werkzeug überhaupt!

Das Ergebnis ist der Mensch ohne wahren inneren Halt. Der Mensch, der in der großartigen Welt der Wissenschaft und Technik von heute immer hilfloser wird. Der sich verloren vorkommen muß, weil er immer weniger weiß, was das Ganze soll und wozu er eigentlich da ist. So viele Menschen wissen nicht, was sie tun sollen, und deshalb fragen sie dauernd danach. Das ist doch ein klares Zeichen dafür, daß ihnen der Sinn für das Ganze fehlt, der Sinn für den großen Zusammenhang, von dem der einzelne ein winziges Glied ist. Sie haben den Kontakt mit dem sinngebenden Geist und der sinngebenden Kraft verloren. Sie sind wie ein Schiff auf dem Ozean, das sein Steuerruder verloren hat.

Ganz besonders deutlich wird das in der *Ablehnung des heutigen Lebens durch die Jugend*, worüber schon so viel gesprochen und geschrieben wurde, daß sich weitere Ausführungen hier gewiß erübrigen. Der sinngebende Geist des Ganzen wird durch das Vollstopfen mit Detailwissen in der Schule – »Bildung« genannt! –, durch die materialistische Lebenseinstellung so vieler Eltern und durch jugendfremdes einseitiges Leistungsdenken aus der jugendlichen Seele geradezu herausgerissen. Kein Wunder, daß sich dann nicht wenige und gewiß nicht die schlechtesten aus dem Gefühl der »seelischen Enteignung« heraus falschen Sektenpropheten überantworten. Sie haben ja keinen festen Boden unter den Füßen. Und dort glauben sie, endlich festen Boden zu finden, wo sie einen Halt haben können. Dieser Zug zum Religiösen im weiten Sinn ist der verständliche Rückschlag gegen die »seelische Enteignung« unserer hochgepriesenen Zeit.

Warum hier in der Einführung zu einem Buch über geistiges Heilen von all dem die Rede ist? Weil hier und nirgendwo sonst *die Wurzel für die Hartnäckigkeit* zu suchen ist, mit der das unbestreitbare Phänomen des *geistigen Heilens weggeschoben* und wegdisputiert, weggelacht und wegverteufelt wird. Wie läßt doch Goethe seinen Faust sprechen? ». . . der spottet seiner selbst und weiß nicht wie!«

Oberflächlich betrachtet erscheint uns der Mensch nun einmal als eine kybernetisch organisierte »Konstruktion« von verschiedenartigen Zellen und Nerven, die in gewissem Umfang steuerbar ist. Dieses computergerechte kybernetische Menschenmodell kennt jedoch keine Gefühle, keine Motivation, auch kein Bewußtsein. Warum auch, der Computer hat ja nichts von all dem: Wie könnte er also etwas damit anfangen? Die wahre menschliche Konstruktion läßt sich daher auch nicht nachvollziehen, was wir bei allen anderen Konstruktionen können. Folglich muß es noch etwas anderes darin geben, das den eigentlichen Kern des menschlichen Wesens ausmacht. Was das ist, kann uns das vorliegende Buch bewußtmachen. Denn eben das und nichts anderes ist die unerschöpfliche Quelle für die Kraft des Heilwerdens, für die Kraft auch des geistigen Heilens. Sie steckt in der Aufforderung:

Sei der du bist!

Wer im richtigen Sinn an sich arbeitet, wer sich im richtigen Sinn des Helfens auch seinen Mitmenschen zuwendet, der wird mehr und mehr das, was er als Mensch in dieser Welt ursprünglich war und ist und immer sein wird: ein wirklich ganzer Mensch in seiner Würde, in seiner großen Aufgabe, in seiner tiefen Geborgenheit im Urquell der Werte, des Geistes und der alles belebenden Kraft; welchen Namen vom altchinesischen TAO bis zum Gott unserer Religionen wir dem auch immer geben. Wenn dieses Buch nur die Anregung gibt, zu dieser Erkenntnis einen Schritt vorwärts zu tun, dann wird es seine Aufgabe schon erfüllt haben.

Setzen wir für den Begriff »Philosophie« seinen Bedeutungsgehalt des Schürfens nach der Wahrheit, so wird uns das Wort

Platons, dem Aristoteles ausdrücklich zustimmt, bezogen auf den hier behandelten Gegenstand, voll verständlich: »Dieses Erleben gehört vor allem zum Philosophieren: das Erstaunen. Es gibt keinen anderen Anfang der Philosophie.« Wer sich im Innern nicht erstaunen, sich nicht tief angerührt verwundern kann über die Rätsel unserer Welt und unseres Daseins in ihr, dem wird alles doch nur oberflächliche Schürfen nach der Wahrheit vergeblich sein.

Gewidmet sei diese Betrachtung über das Heilen durch die Kraft des Geistes in erster Linie meiner Frau Marie-Luise, ohne die es dieses Buch gewiß nicht gäbe, und dann den vielen Teilnehmern unserer Kurse, die uns über die Jahre hinweg durch ihre gezielten (aus Verstand und Gemüt kommenden) Fragen wesentlich geholfen haben, zur Klarheit zu kommen. So kann es nun getrost der Öffentlichkeit übergeben werden in der Hoffnung, daß viele suchende Menschen daraus den Mut und die Kraft zum eigenen Tun schöpfen mögen.

Was ist geistiges Heilen?
(Überblick)

Phänomen, Begriff und Wesen der Heilung durch den Geist

»Wer dem Großen in sich folgt, wird groß;
wer dem Kleinen in sich folgt, wird klein.«
Meng-Tse
(327–289 v. Chr.)

»Was die Seele liebt, dem wird sie gleich.«
Augustinus
(354–430)

Was sind »Gesundheit« und »Krankheit«?

Die Weltgesundheitsorganisation definiert den *Begriff der Gesundheit* als einen Zustand vollkommenen körperlichen, seelischen und sozialen Wohlbefindens. Kennen Sie irgendeinen Menschen, der in diesem Sinn als gesund zu bezeichnen wäre? Das ist offensichtlich eine illusionistische Erklärung. Was ist die Gesundheit dann? Die Biologie definiert sie im allgemeinen als die richtige Anpassung des Menschen an seine äußeren Lebensbedingungen, denen er unterworfen ist. Dann wäre die Gesundheit also im wesentlichen von den äußeren Lebensumständen abhängig. Kann uns diese Erklärung mehr befriedigen? Wohl kaum. Denn die Gesundheit hängt viel, viel mehr als von äußeren Umständen von der inneren, von der seelisch-geistigen Einstellung eines Menschen ab.

Das wird sofort deutlich, wenn wir an die vielen Menschen denken, die organisch durchaus den einen oder anderen Schaden, die eine oder andere Schwierigkeit haben, die sich aber trotzdem »gesund« fühlen und das Leben eines gesunden Menschen führen, sowohl in der Denkungsweise als auch im alltäglichen Tun. Die Gesundheit ist also durchaus auch subjektiv, von der persönlichen Einstellung des einzelnen her bestimmt. – Auch von der umgekehrten Betrachtung her wird das deutlich: Die übliche oberflächliche Ansicht meint, gesund sei, wer eben keine Krankheit hat. Ist das wirklich so? Kommt die Krankheit etwa von einem Augenblick zum anderen, oder entwickelt sie sich nicht zunächst unbemerkt, bis sie dann auch äußerlich sichtbar wird? Können wir nun einen Menschen, der die Krankheit schon in sich trägt, nur noch kein äußeres Symptom wahrgenommen hat, noch als gesund bezeichnen? Es ist also gar nicht so einfach, klar zu sagen, was die Gesundheit eigentlich ist.

Ihr Begriff wird sich uns viel eher klären, wenn wir zuerst nach dem Wesen ihres Gegenstücks fragen, nämlich nach *dem Wesen der Krankheit*. Krankheiten werden von der überkommenen Medizin üblicherweise auf irgendwelche äußeren oder körperlichen Ursachen zurückgeführt und insoweit bekämpft. Wenn es dadurch gelungen ist, das Krankheitssymptom zum Verschwinden zu bringen, dann wird der Mensch als geheilt, als wieder gesund erklärt.[1] Die Erkenntnis, daß diese Betrachtung der Krankheit den Kern der Dinge nicht treffen kann, gewinnt immer mehr an Boden. Denn soundso oft führt das Austreiben eines bestimmten Krankheitssymptoms durch entsprechende medikamentöse Behandlung in Kürze zum Auftreten eines neuen Krankheitssymptoms an anderer Stelle. Das wiederholt sich bei nicht wenigen Patienten über die Jahre hinweg so oft, bis der Kranke stirbt.

Diese *häufige Erscheinung der Symptomverschiebung* wird oft nur deshalb in ihrem wahren Grund nicht erkannt, weil im Zeitalter des medizinischen Spezialistentums immer wieder ein anderer Spezialist, ein anderer Facharzt bemüht wird. Der durchschnittliche Spezialist hat es ja immer nur mit einem bestimmten Organ zu tun, das derzeit nicht richtig funktioniert. Der Mensch als Ganzes und als Träger dieses Organs ist allerhöchstens in zweiter Linie interessant, wenn überhaupt. Ist das Organ von ihm »repariert« worden, dann kann man allerorten zufrieden sein: der Patient, der Arzt, der Medikamentenhersteller, jeder über jeden. Wenn dann ein anderes Organ versagt, vielleicht wegen der Nebenwirkung dieses Medikaments (das ja seinerseits erst vom Körper verarbeitet werden muß, und keines ist, wie gewissenhafte pharmazeutische Hersteller offen sagen, absolut ohne Nebenwirkungen!), dann ist das eben ein neuer Krankheits»fall«. Dann ist der andere Spezialist zuständig. Jeder »Fall« wird für sich, abgetrennt von anderen, betrachtet: *Er* steht ja im Mittelpunkt der Behandlung und nicht der Mensch als Ganzes, der die bestehenbleibende Quelle der verschiedenen »Fälle« ist.

Da sich unsere heutige Medizin in hohem Maß von der Krankheit und nicht in erster Linie von der Gesundheit her orientiert, sagen Spötter nicht zu Unrecht, man möge endlich das Wort »Gesundheitswesen« durch den treffenderen Begriff »Krankheitswesen« ersetzen. Und der inzwischen verstorbene englische Schriftsteller und Kritiker Aldous Huxley hat schon vor rund 20 Jahren so köstlich gesagt: »Die Medizin unserer Zeit hat so gewaltige Fortschritte gemacht, daß es bald keinen gesunden Menschen mehr gibt.« Mit anderen Worten: Wir haben den schlichten Begriff der Gesundheit durch das immer spezifizierter gewordene Krankheits- und Krankheitssymptomdenken unseres Intellekts so zersetzt, daß uns dabei das natürliche Gesundheitsbewußtsein in hohem Maß abhanden gekommen ist.

Ein typisches Beispiel für den eben aufgezeigten Zusammenhang: Warum werden die einen Menschen so leicht das *Opfer der allgegenwärtigen Krankheitserreger* (Infekte durch Bakterien, Bazillen, Mikroben, Viren usw.) und andere nicht? Natürlich sind diese Erreger die äußeren Ursachen der besonderen Krankheitssymptome, weshalb sie die symptomatologisch orientierte Medizin erbittert bekämpft. Aber: Sind sie denn die *wahre* Ursache, der tiefere Grund für die Erkrankung? Den gleichen Erregern gelingt es nämlich bei anderen Menschen in der gleichen Konzentration und in den gleichen äußeren Lebensumständen eigenartigerweise nicht »anzukommen«. Also kann der eigentliche Grund für die Infektion doch nur in dem betreffenden Menschen selber liegen. Es ist eine altbekannte Tatsache, daß zum Beispiel die Angst vor einer Grippeansteckung eben diese fast schon bewirkt (oft trotz Schutzimpfung!), denn die Angst in der Seele ist der ideale Nährboden für die Erregerkultur im Körper. Demgegenüber sind andere in sich ruhende, angstfreie, ihrer selbst sichere Menschen dagegen immun. Übrigens wird uns ähnliches schon aus den Zeiten der mittelalterlichen Pest berichtet.

Ein zweites Beispiel: *Warum gibt es die »Unfäller«?* In der Industrie und im modernen Straßenverkehr wurde ermittelt, daß bis zu 85 % aller Unfälle von einem vergleichsweise geringfügigen Prozentsatz von Menschen verursacht werden, der im allgemeinen zwischen etwa 5 bis zu maximal 20 % schwankt. Warum haben also immer dieselben ihren Unfall, ihre Folge von Unfällen? Dem Denkenden muß sich diese Frage »Warum?« doch sofort aufdrängen. Offensichtlich stimmt da etwas bei den relativ wenigen Menschen nicht. Sie sind so angelegt, daß sich ihnen der Unfall geradezu anbietet und daß sie diesem Angebot gleichsam nicht widerstehen können. Sie sind eben in einer kritisch werdenden Situation nicht so »da« wie die anderen Menschen, und dann haben sie ihren nächsten Unfall. Die Ursache kann folglich wiederum nur in ihnen selber liegen, in der fehlenden inneren Sammlung, in der größeren Störbarkeit. Sie sind nicht in der inneren Ordnung, nicht genug »bei sich«. Sie geraten leichter »außer sich«, sie sind nicht im Gleichgewicht, sie sind mit sich selbst nicht im reinen.

Was ist nun das Wesen der Krankheit? Es kann nicht körperlich-materieller Art sein, wie es der oberflächliche Augenschein vermuten läßt. Der Ursprung der Krankheiten kann nicht im physischen, er muß im psychischen, im seelischen, im seelisch-geistigen Bereich des Menschen liegen. Das kann schon deshalb gar nicht anders sein, weil der wahre Kern des Menschen nicht sein Körper, sondern der ihn belebende Geist ist. Das wird im nächsten Teil dieses Buches noch dargelegt werden. Der von der Seele belebte Körper ist ja nur die nach außen sichtbare Hülle unseres Geistes, der alle unsere körperlichen Funktionen lenkt und steuert. So wie *er* letzten Endes alle Materie dieser Welt im einzelnen gestaltet. In der Tatsache, daß der Geist der wahre Kern des Menschen ist, liegt dann auch begründet, daß der unsterbliche Geist in die sterbliche körperliche Hülle gewisse Belastungen mitbringen kann, bei denen jegliche Mühe um Abhilfe umsonst ist. Das mag beim besonders Ansteckungsgefährdeten ebenso gegeben sein wie beim Unfäller. Darauf wird später noch genauer eingegangen werden (S. 112 f.).

Solange der Geist in unserem Körper wohnt, leben wir in dieser Welt. Verläßt er unseren Körper, so sterben wir. Geist und Leben sind insoweit eins. Krank werden können wir nur dann, wenn die im Geist enthaltene und von ihm getragene Lebenskraft geschwächt, mit anderen Worten: wenn die naturgegebene Ordnung in uns gestört ist. *Die Krankheit ist also am Ende immer nur geschwächte oder sich zurückziehende Lebenskraft*, ist Unordnung in uns, gleichgültig ob viel oder wenig Lebenskraft da ist. Daraus ergibt sich, daß Nahrungsaufnahme,

Medikamente und alle die vielen medizinischen Hilfen und Anwendungen unserer Zeit nur dann einen Sinn haben können, wenn sie der blockierten oder schwindenden Lebenskraft helfen, sich wiederum zu festigen, die naturgegebene Ordnung wiederherzustellen. Und der Tod ist nichts anderes als der im Körper eingetretene totale Verlust der Lebenskraft. Wäre es nicht so, dann müßte der soeben Verstorbene noch leben, denn kurz nach dem Tod ist der Körper materiell ja noch der gleiche wie kurz zuvor.

Das Wichtigste in diesem Zusammenhang: Was nützt die beste verordnete Medizin, wenn sie so verordnet und eingegeben wird, daß die Lebenskraft des Patienten, daß sein Geist dabei unbeteiligt bleibt? Und was kann umgekehrt ein Placebo, also ein nur vermeintliches, in Wahrheit medizinisch gar nicht existierendes »Medikament«, an Heilwirkung bringen, wenn es in der Form verordnet und eingegeben wird, daß es die Lebenskraft des Patienten von seinem Geist her weckt und kräftigt! Und die heutige Praxis: Welch hoher Prozentsatz von Patienten in ärztlichen Praxen und Kliniken bekommt etwas verordnet, was sie zu schlucken oder zu erdulden haben, von dem sie nicht wissen, was es ist, warum sie es bekommen und wie es wirken soll! Fragen danach sind oft unerwünscht, sie kosten Zeit und »bringen nichts«. Der Mensch als Wesen ohne Seele, bloß als materieller Körper!

Nun können wir zurückkehren zur Ausgangsfrage: Was ist Gesundheit? Gesundheit ist Ordnung in unserem inneren Wesen, ist Harmonie und innere Einheit, ist Übereinstimmung mit den Gesetzen des Lebens, ist ungehindertes, freies Fließen des Lebensstroms im Körper und in Seele—Geist. *Gesundheit ist ungestörter Vollbesitz der Lebenskraft*, stehe davon nun viel oder nur wenig zur Verfügung. Der gesunde Mensch ist mit sich selbst im reinen, er ist »bei sich« und nicht »außer sich«. Er ruht in sich selbst, er ist im Spannungsausgleich.[2] Ist das der Fall, dann ist auch der vom Geist geprägte Körper als seine äußere Hülle in Ordnung, alle seine Funktionen verlaufen im wesentlichen ungestört. Der Mensch ist »gesund«.

Was ist Krankheit? Krankheit ist der Zustand, wenn wir aus dieser Ordnung herausgefallen sind. *Krankheit ist Unordnung in uns*, ist Disharmonie und Zerrissenheit. Das Verhältnis zu den Gesetzen des Lebens ist gestört. Wir sind verspannt, verhärtet, wir sind aus der Mitte unseres Wesens herausgekommen. Wir haben uns abgewendet vom Lebensgeist, wir sind von ihm abgefallen. Im Sinn der großen geistigen Ordnung haben wir eine falsche Gesinnung. Das Fließen des Lebensstroms ist vermindert, gestört, blockiert und die Lebenskraft entsprechend geschwächt. Wir sind entweder durch Überspannung verspannt, verhärtet, in irgendeiner Hinsicht verkrampft, oder wir können unsere Lebenskraft nicht mehr hinreichend spannen, sie verfließt uns gleichsam zwischen den Fingern.

»Krank« kommt von »kränken«. Was wird gekränkt? Doch immer nur unser ICH, unser ICH-Bewußtsein, unsere ICH-Bewußtheit in irgendeiner Form. (Der Empfindsam-Empfindliche ist hier natürlich noch mehr gefährdet als der eher Robuste, den Störungen seiner Persönlichkeit von außen her im Innern weniger anfechten. Dieser hat es auf der anderen Seite wieder schwerer, weil das ICH mit steigender Lebensenergie um so kraftvoller wird.) Wir werden gekränkt, wir werden krank durch negative Gefühlsregungen, die uns »treffen«, durch den Mangel an positivem Denken, das – sich selbst vergessend – sich liebevoll anderen Menschen zuwendet. Je stärker die Hingabefähigkeit eines Menschen an seine Mitmenschen, an eine berufliche Aufgabe, die direkt oder indirekt anderen Menschen dient, um so mehr ist sein ICH in den Hintergrund getreten, in ausgeprägten Fällen so gut wie vergessen. Diese Menschen sind, wenn sonst keine Störungsquelle vorliegt, in der natürlichen Ordnung und mit sich selbst im reinen. Die große Gefahr für sie: daß sie sich im Dienst für die anderen bis zur Erschöpfung ihrer Kräfte einsetzen. Daß auch ihre körperlichen Organe dann je nach der Stärke ihrer Lebenskraft früher oder später revoltieren und Störungen zeigen, ist nur zu verständlich.

Wann wird nun jemand in besonderer Weise auf sein ICH hin bezogen, d. h. immer und immer wieder genötigt, sich mit seinem ICH, mit der Position seines ICH im Vergleich zu anderen Menschen zu sehen und zu beobachten, noch besser gesagt: sich, den eigenen Wert, an ihnen zu messen? Die gemeinsame Grundlage dieser im Leben noch so verschiedenartig auftretenden ICH-Einstellung ist immer dann gegeben, *wenn einer sein Leben so, wie es ist, nicht annehmen kann.* Wenn ihm, was in dieser Welt der Unvollkommenheiten doch selbstverständlich sein muß, das eine oder andere »nicht schmeckt« und er sich ständig dagegen sträubt. Immer ist es sein ICH, wenn einer nicht akzeptieren kann, daß es einem anderen bessergeht als ihm selber, und der nahezu allgegenwärtige aus dem Egoismus geborene Neid von ihm Besitz ergreift. Immer geht es darum, daß die Wirklichkeit, die Realität so, wie sie ist, innerlich nicht anerkannt, nicht in positiver Einstellung entgegengenommen, nicht akzeptiert wird. Wohlgemerkt doch nur vom ICH, das sich irgendwie dagegen sträubt.

Es fehlt also am wirklichkeitsgemäßen Denken, Reden, Handeln, am realitätsorientierten Leben. Verarbeitet jemand einen unerfreulichen Tatbestand, ein mißliches Kapitel seines Lebens, im positiven Sinn, *dann ist dieses Erleben echt verarbeitet.* Es kann nicht mehr »kränken«.

Tut er das nicht, verdrängt er dieses für ihn ungelöste Problem in Seele und Geist, so findet es den Ausweg in den Körper hinein: Er wird krank. So gesehen sind *Krankheiten immer die körperliche Realisierung von ungelösten Problemen,* von als belastend empfundenen Lebensumständen. So gesehen ist die Krankheit weiterhin die deutliche Aufforderung, seine bisherige Einstellung und Lebensweise zu überprüfen, sie besser zu verstehen, um sie dann entschlossen zu korrigieren oder – wenn das nicht möglich sein sollte – ebenso entschlossen zu akzeptieren, als eine Mahnung zu tieferer Einsicht, als Chance zu weiterer persönlicher Vervollkommnung.

Wer den wahren Charakter der Krankheit: *die Aufforderung zur Bewußtmachung einer falschen Denkweise* und zur Änderung der Lebenseinstellung, verstanden hat, der sieht es in der Praxis des Lebens an der schon erwähnten Symptomverschiebung immer und immer wieder bestätigt: Das eine Krankheitssymptom geht, das andere kommt. Ändert sich an der im Unbewußten verankerten falschen Denkweise nichts, bleibt die Krankheit. Nur der Gegenstand der »Kränkung« verschiebt sich. Und weil das alles im Unbewußten geschieht, deshalb ist es verständlicherweise so schwer zu erkennen.

Natürlich vollziehen sich alle Prozesse dieser Art – ob zum Schlechten oder zum Guten hin – *nicht von heute auf morgen.*

Sie erstrecken sich in schleichender Form zumeist über längere oder lange Zeit, ja über viele Jahre hinweg. Ein Musterbeispiel dafür ist die Entstehung von Krebs, bei der immer eine starke seelische Belastung über lange Zeitperioden hinweg mitspricht. Das stellt sich mehr und mehr für die Beobachter in allen Ländern heraus.

Die Krankheiten sind also – und das ist nur ein anderes Wort dafür – *im wesentlichen seelisch bedingt.* Für die asiatische Medizin ist das von alters her eine banale Selbstverständlichkeit, und neuerdings wird es auch in der westlichen Medizin unter dem Stichwort der Psychosomatik mehr und mehr anerkannt. Formulieren wir es religiös: Übereinstimmung, Harmonie mit unserem Leben, mit unserem Schicksal, das uns vom großen Lebensgesetz beschieden ist, also mit Gott, ist Gesundheit. Fehlende Übereinstimmung, Disharmonie damit ist Krankheit. Der Kranke kann sein Leben nicht annehmen so, wie es nun einmal ist.

Die verschiedenen Erscheinungsformen und Arten des geistigen Heilens

Um die verschiedenen Erscheinungsformen und Arten des geistigen Heilens richtig sehen und einordnen zu können, ist es ratsam, sich zuvor über das *Verhältnis von Körper und Geist* ein klares Bild zu machen. Auf Einzelheiten kann und braucht hier nicht eingegangen zu werden. Es genügt die grundlegende Erkenntnis, daß das einzig Wesentliche des Menschen sein Geist ist, wie wir soeben schon gesehen haben. Der Körper ist nur der Diener des Geistes. Er ist sozusagen nur die äußere Hülle, in die sich der Geist niedergelassen, »verkörpert« hat, solange wir uns in der jetzigen Daseinsform auf dieser Welt befinden.

Der Körper kann nie der Meister des Geistes sein. Das zu glauben ist der große Irrtum derer, die den absoluten Primat des Geistes nicht erkennen wollen, weil sie ganz im Materiellen und in der Vordergründigkeit des logisch denkenden Intellekts verhaftet und gebunden sind. Für sie ist der Körper der ganze Mensch. Allenfalls hat er noch eine Seele, sofern die Seele als

26

das empfunden wird, was den Körper leben läßt, also sein an den Körper gebundenes lebenspendendes Element. Aber einen Geist im höheren Sinn können sie nicht anerkennen. Der Geist ist für sie bloßer Intellekt, bloße Funktion des körperlichen Gehirns, Funktion zur besseren Bewältigung des körpergebundenen Lebens. Wer das glaubt, geht am eigentlichen Wesen des Menschen vorbei. Er kehrt das wahre Verhältnis von Geist und Körper um. Er ist Opfer der grandiosen Selbstbeschränkung des Menschen, von der in der Einführung zu diesem Buch die Rede war.

Alle Arten und Erscheinungsformen des geistigen Heilens gehen von eben dieser Grunderkenntnis aus, daß *der Geist das allein Wesentliche des Menschen* ist. Wenn wir von den Leiden verschiedenster Art, die uns in diesem Leben belasten und quälen, befreit sein wollen, dann dürfen wir nicht nur an die körperlichen Krankheiten denken, die uns normalerweise vordergründig so sehr beschäftigen. Dann müssen wir vielmehr an die wahren Ursachen dieser körperlichen Leiden denken, die in unserer geistigen Einstellung zum Leben und zu unseren Mitmenschen begründet liegen. Wir müssen also bemüht sein, die seelisch-geistige Grundlage dafür, die seelisch-geistige Krankheit, zu erkennen und zum Positiven hin zu ändern. Zum Beispiel Überheblichkeit, Gleichgültigkeit gegenüber dem Leiden anderer, Angst, ständige Sorgen, Mangel an Vertrauen, fehlende Tatkraft da, wo sie nötig wäre, enges dogmatisches Denken, Unduldsamkeit, egoistisches Kleben an den materiellen Dingen, Hemmungslosigkeit im Genuß, geistige Blindheit für den eigentlichen Lebenssinn.

Mit der positiven Änderung in dieser unserer geistigen Grundeinstellung werden die Auswirkungen dieser negativen Denkungsweise auf den Körper, werden die Tendenz und die Entwicklung zum »Kränken«, also zur Krankheit hin, schwinden. Das heißt: Wenn wir unseren Geist mit Freude, mit Liebe füllen, wenn wir vertrauensvoll in die Zukunft blicken, wenn wir das Leben annehmen, auch in seinen unschönen Seiten, da wir auch diese offensichtlich brauchen, um nicht überheblich und selbstsüchtig zu werden.

Sehen wir es psychodynamisch, also von der seelischen Energie her, dem Motor unseres Lebens schlechthin, so bedeutet das *die Freisetzung unserer Lebenskraft,* die zuvor untätig oder gar blockiert war. Jetzt kann sie fließen und strömen, die Zellen und Gewebe unseres Körpers durchpulsen und wieder funktionstüchtig machen.

Diese Überlegungen liegen *allen Arten und Formen des geistigen Heilens* als tragende Gedanken zugrunde. Oft werden verschiedene Namen und Bezeichnungen dafür gebraucht. Oft wird ein einzelner Gedanke, eine einzelne Formulierung für besonders wichtig oder fruchtbar gehalten und daran das ganze geistige Gebäude hochgezogen. Die Grenzen und Übergänge sind dabei ausgesprochen fließend. Wegen der vielen Überschneidungen fällt es deshalb auch schwer, die verschiedenen Methoden und Arten in logisch ganz befriedigender Form zu gliedern.

Selbstverständlich kann hier nur ein knapper Überblick über die verschiedenen Lehrmeinungen und Arten des geistigen Heilens gegeben werden. Heilungstechnik und Heilungsprozeß werden später noch genauer behandelt.

Selbstheilung und Fremdheilung: Eine immer wieder anzutreffende Unterscheidung geht von der zu heilenden Person aus. Es ist entweder die eigene oder eine andere. Demgemäß spricht man von Selbst- oder von Fremdheilung. Diese Unterscheidung ist in der Praxis nur insoweit fruchtbar, als sie die Heilungstechnik berührt, die zum Teil verschieden sein muß. Zweckmäßig ist die Einteilung der Heilungsarten in die folgenden vier Gruppen:

1. *Kosmische Heilung (zuweilen auch magnetische genannt):* Manche verweigern ihr die Bezeichnung »Geistige Heilung« im eigentlichen Sinn, weil hier kosmische Energie aufgenommen (Selbstheilung) oder auf einen anderen Menschen gelenkt wird (Fremdheilung). Das zu erlernen, ist oft der erste Schritt in der Entwicklung der Heilungsgabe. Der Vergleich mit dem Baum zeigt das Verfahren. Der Baum wird nicht nur durch seine Wurzeln, sondern auch durch das Chlorophyll in seinen Blättern ernährt. Sie nehmen die Kraft der Sonnenstrahlen und andere heilsame Kräfte aus der Atmosphäre auf. Ähnliches geschieht beim Menschen durch die Aufnahme der im Atem enthaltenen Lebenskraft, dem Prana der altindischen Lehre (Pranayama

im Yoga), oder des Ozons an der See. Das geschieht durch das ganz bewußte Einatmen oder auch durch die Vorstellung, daß die Poren der Haut diese Kräfte aufnehmen oder daß sie durch den Scheitelpunkt (das Scheitelchakra, eine für alle Hochreligionen besonders bedeutsame Körperstelle) in den Leib einfließen. Bei der Fremdheilung wird diese kosmische Energie bewußt gesteuert zum Patienten geleitet.

Hier wird die Krankheit nicht unbedingt direkt angegriffen. Dem Körper wird Lebenskraft zugeführt, die seine inneren Abwehr- und Heilungskräfte stärkt, die ihrerseits den Kampf mit der Krankheit führen. Da die Lebenskraft nichts anderes ist, können wir, religiös formuliert, auch vom göttlichen Kraftstrom sprechen, der die Harmonie im kranken Organismus wiederherstellt und ihn so in die Lage versetzt, das speziell erkrankte Organ zu heilen.

Von der kosmischen Heilung wird häufig gesagt, daß sie nur suggestiv begründet sei. Dem steht jedoch entgegen, daß dem Körper dabei tatsächlich Energie zugeführt wird. (Sonst könnte sie ja keine Heilung bzw. Besserung bewirken.) Trotzdem oder gerade deshalb erscheint es vertretbar, der Einfachheit und Übersicht halber in diese erste Gruppe auch die *Heilung durch Suggestion* aufzunehmen. Denn jeder Gedanke, erst recht jeder bewußte, konzentrierte und gezielte Gedanke wie der in der Suggestion, ist energetisch gesehen schwingende, fließende Energie. Das wird sich im nächsten Teil dieses Buches noch deutlicher zeigen. Diese Gedankenwellen sind als solche auch eine nicht wegzudisputierende Realität. Sie wirken ins Unterbewußte hinein und wirken da weiter, indem sie Nervenzentren anregen bzw. in ihrer Aktivität stärken.

Wer etwa hervorragende Demagogen am Werk sieht, die die Technik der Massensuggestion beherrschen, die die Schwingungen dessen, was wir als den Zeitgeist bezeichnen, hochzuspielen verstehen, der erlebt diese Realität unbezweifelbar. Die ältere Generation braucht sich nur der großen Demagogen des tausendjährigen Reichs und des Hochspielens des Nationalismus' mit seinen verschiedenen Spielarten im damaligen Deutschland zu erinnern. Was das prinzipielle Geschehen bei der Suggestion anbelangt, so ist hier kein Unterschied zum vorliegenden Zusammenhang: Jeder Gedanke ist eine Kraft.

2. *Kontaktheilung oder Heilung durch Handauflegen (auch Gedankentherapie genannt):* Das Wesentliche ist hier die harmonische Übereinstimmung von Heiler und Patient sowie die Fähigkeit des Heilers, sich der »anderen Kraft« ganz zu öffnen, d. h. der großen geistigen Kraft, der alles schaffenden und bewegenden Allenergie, der göttlichen Kraft, wie immer sie genannt wird. Der Heiler ist hier nichts anderes als der Mittler für diese heilende Kraft. Er leitet die Heilströme in den Patienten hinein, beim Auflegen der Hand unmittelbar in das erkrankte Organ bzw. bei einigem Abstand der Hand vom Körper des zu Heilenden in seinen feinstofflichen Körper hinein. Der Heilstrom ist also geistiger Natur. Er ordnet das Ungeordnete im Organismus des Patienten dadurch, daß er den wahren Körper, nämlich den feinstofflichen oder den Geistkörper beeinflußt, der dann seinerseits den ihm untergeordneten materiellen oder grobstofflichen Körper wieder in die Ordnung bringt, wieder funktionstüchtig macht. Wesentlich ist die volle innere Verbindung des Heilenden mit dem Patienten.

Wir sehen hier die logische Überschneidung mit der kosmischen Heilung vor allem als Fremdheilung. Manche sehen den Unterschied im organgezielten Einsatz der Heilkraft, während sie dort nur zur allgemeinen Stärkung der Lebens- und Abwehrkraft mobilisiert werde.

3. *Fernheilung, Heilung durch Meditation oder metaphysisches Heilen (auch Mentaltherapie genannt):* Hier geht es um die Heilung von Menschen, die von den Bemühungen um ihre Person entweder gar nichts wissen oder nur ganz allgemein oder höchstens zu einem bestimmten Zeitpunkt sich geistig mit dem Heiler verbinden. Sie sind zumeist also innerlich unbeteiligt oder höchstens gleichsam auf Empfangsstation. Eine direkte menschliche Verbindung ist nicht vorhanden. Wenn von den Heilbemühungen des Heilers nichts bekannt ist, wie soll da die gelegentlich zu hörende Erklärung der Heilwirkung durch Suggestion zutreffen? Es kann dabei keinerlei Hilfe durch den Glauben oder den Willen des zu Heilenden geben. Jede Unterstützung durch Selbstsuggestion ist demnach illusorisch. Ein Hindernis durch räumliche Entfernung gibt es nicht. Sie ist ohne jeden Belang.

Diese Heilungspraxis wird oft in Gestalt der *Heilmeditation* angewendet. Daß sie Erfolg hat, läßt sich nur dadurch erklären, daß es am Ende nur ein einziges allumfassendes Bewußtsein im Universum gibt, den »Urgeist«, so wie es nur eine einzige Urenergie geben kann. Davon leben und zehren wir Menschen. Der winzige Anteil, den wir einzelne daran haben, erlaubt es, diese jenseits des Körperlichen liegende (»metaphysische«) Kraft als Heiler gleichsam anzuzapfen, sie zu mobilisieren oder zu aktivieren und sie auf den Patienten hin zu richten. Sein wahres Wesen ist ja nicht materieller Natur. Da es sich um eine echte Geistheilung handelt, wird sie von manchen auch Mentaltherapie genannt.

Manche Heiler arbeiten nicht unmittelbar mit dieser großen, der »anderen« Kraft, sondern sie haben jenseits der normalen Erreichbarkeit durch unsere menschlichen fünf Sinne einen Vermittler, zuweilen »Geistführer« genannt, ein irgendwie personales Wesen in einer höheren Daseinsform, das seinerseits auf ihre Bitte hin die erforderlichen Verbindungen von der Heilkraft zum Patienten herstellt.

4. *Glaubensheilung:* Im Rahmen der geistigen Heilungsarten ist die »Heilung durch den Glauben« ein gewisser Sonderfall. Denn sie unterscheidet sich wesentlich von der Geistheilung im engeren Sinn. Sie bedingt den durch nichts getrübten Glauben des Patienten an seine in Wahrheit uneingeschränkte Gesundheit. Ihr liegt die Überzeugung zugrunde, daß die Schöpfung Gottes absolut vollkommen sei und die Krankheit als Unvollkommenheit nur in unserem Bewußtsein existiere, das von unseren täuschenden Sinnen geprägt wird. Krankheit gäbe es nur, weil man an die Existenz der Krankheit glaube, die sich dann im Körper verwirkliche. Die »Christliche Wissenschaft« mit ihren zum Teil unbezweifelbaren Erfolgen ist die hauptsächliche Vertreterin dieser Richtung, die in den verschiedenen Teilen der Welt in verschiedenen Variationen auftritt. Wegen ihres besonderen Charakters wird die Glaubensheilung später noch in einem eigenen Kapitel behandelt werden.

Soweit die Glaubensheilung damit arbeitet, daß der Patient in sich das lebendige Vorstellungsbild eines völlig genesenen, eines durch und durch gesunden Menschen wachrufen soll, arbeitet sie natürlich in beachtlichem Umfang mit der Kraft der Suggestion.

Abschließend zu diesem Überblick sei nochmals betont, daß diese vier prinzipiell zu unterscheidenden Arten des geistigen Heilens alle miteinander *fließende Übergänge* haben. Dazu kommt, daß verschiedene Heiler in ihren Schriften und Reden denselben Ausdruck nicht selten in verschiedenem Sinn gebrauchen. Deshalb ist es in der Praxis oft nicht leicht, eine spezifische Heilungsmethode präzise einzuordnen. Das ist auch gar nicht nötig, und man lasse sich deshalb nicht verunsichern. Hat man die wesentlichen Grundlagen des geistigen Heilens erfaßt und hält man sich an sie, dann sind in der praktischen Anwendung alle nur möglichen Übergänge und Vermischungen denkbar. Je nach der individuellen Eigenart, der Vorliebe, der persönlichen Gewöhnung, Erfahrung und der damit steigenden Vertiefung und Sicherheit.

Der gemeinsame Kern:
Begriff und Wesen der Geistheilung

Es ist bezeichnend, daß es für das Phänomen des geistigen Heilens so viele Namen, Bezeichnungen und Erklärungen gibt, je nachdem aus welcher Grundeinstellung heraus dieses Phänomen zu allen Zeiten gesehen wurde und gesehen wird. Eine ganz allgemeine Definition des *Begriffs der Geistheilung* umfaßt alle Heilmethoden, die nicht materielle Mittel anwenden. Eine andere besagt: Geistige Heilung ist jede, die durch eine nichtmenschliche Kraft zustande kommt.

Statt des Begriffs der Geistheilung wird von manchen auch das Wort »*Spirituelle Heilung*« bevorzugt. Diese wollen sich mit dem »spirituell« abgrenzen vom Geistigen im engeren Sinn, also vom Intellekt, von der Ratio, vom bewußten Denken. Im allgemeinen hat sich jedoch die schlichte Bezeichnung durchgesetzt: geistig oder Geist (im weiteren Sinn). Wir meinen damit sozusagen den Großen Geist, der über allem steht und schwebt, was da geschaffen ist. Von dem wir als Menschen unseren winzig bescheidenen Anteil haben, wesensmäßig indessen mit ihm verbunden, mit ihm ein und dasselbe sind. Der Buddhist spricht von der Buddhanatur, die in jedem Menschen schlummert, und der Christ spricht zum Beispiel von dem göttlichen Funken, der uns beseelt. Nur in diesem weiten Sinn ist der Begriff »Geistiges Heilen« oder »Heilung durch den Geist« zu verstehen.

Die Vertreter der christlichen Kirchen sprechen auch gern von der »Göttlichen Heilung« oder der »Glaubensheilung«, jetzt zu verstehen als der umfassende Begriff für jede geistige Heilung. Manche Psychologen gebrauchen den Ausdruck »Psychische Heilung«, womit ausgedrückt werden soll, daß die Heilung von den seelischen Kräften her erfolgt. Wieder andere sprechen von »Parapsychischer Heilung« in Anlehnung an den heute allgemein gebrauchten Begriff der »Parapsychologie«, der eigentlich ein Widerspruch in sich selbst ist. Denn wenn wir etwas, was sich nach dem Gesetz von Ursache und Wirkung im materiellen Bereich nicht erklären läßt, nicht durch seelisch-geistige Kräfte erklären können: wie könnte es je »jenseits des Seelischen« erklärt werden?

Der durchschnittliche Mensch unserer heutigen Welt, der sich mit diesem Zusammenhang verständlicherweise noch nicht genauer beschäftigt hat, ist durchweg geneigt, gegen den Begriff »Geistiges Heilen« sofort in Opposition zu gehen. Deshalb vermeiden manche diesen Ausdruck. Sie sprechen dafür von der Heilung durch unsere unbewußten, durch unsere unterbewußten Kräfte, durch die Macht des Unterbewußtseins und dergleichen. In Wahrheit geht es jedoch um nichts anderes als um das hier behandelte Problem. Welchen Namen wir auch immer wählen, alle Bezeichnungen führen auf den gleichen Kern zurück.

Was heißt überhaupt »heilen«? Wie wir schon gesehen haben, heilt und kann nur heilen »die andere«, die große Kraft, der »Geist«, die Urenergie, die alles bewegt und lenkt. Am leichtesten läßt sich die Frage von den energetischen Vorgängen her erklären, also psychodynamisch: Heilen heißt heil machen, im Sinn der natürlichen Lebensordnung ordnen, wo etwas ungeordnet ist. Es heißt also, eine zuvor gestörte harmonische Einheit wiederherstellen, nämlich die Einheit von Leib und Seele-Geist in sich und zugleich mit der großen Ordnung dieser

Welt, in die sie eingebettet ist: mit dem Großen Geist, dem Geist im weiten Sinn.

Heilen »durch den Geist« kann dann nur bedeuten, daß die geistige Heilkraft, eben diese Urenergie, *unmittelbar* tätig wird in dem Sinn, daß sie das, was unseren materiellen Leib leben läßt: die Seele, in besonderer Weise aktiviert und kräftigt. Jede der Milliarden Zellen unseres Körpers ist, solange wir leben, von ihr belebt und damit Träger dieses Lebens. Also wirkt die heilende geistige Kraft auf jede dieser Milliarden Zellen, um sie in ihrer Funktion zu vervollkommnen bzw. im Sinne des organischen Lebens wieder in Vollkommenheit zu erneuern.

Allem Heilen muß die richtige geistige Einstellung zugrunde liegen. Liebe und Glaube, Heiterkeit und Ruhe sind die Basis der Gesundheit. Haß und Furcht, innere Gedrücktheit und Unruhe schädigen den Körper ebenso wie den Geist. Das Wesentliche am Menschen ist sein Geist. Er ist gleichsam das Bindeglied zu der schöpferischen Energie, zur heilenden Kraft. Alle körperlichen Äußerungen und Zustände sind immer nur das Ergebnis der geistigen Einstellung und Haltung. Diese sind das Primäre. Alles Körperliche war zuerst im Geist und wurde von da her verwirklicht. Die geistige Einstellung kann die Zellen unseres Körpers aufbauen oder zugrunde richten, je nachdem, ob sie positiver oder negativer Art ist. Wer seinen Geist ständig in aufbauender, positiver Weise sättigt, wandelt damit im gleichen Sinn seinen Körper um.

Durch den Geist in uns sind wir zu jeder Stunde Glied und Teil der universalen Kraft des Lebens. Wenn diese schöpferische Kraft für mich ist und mit mir, wer oder was kann dann noch gegen mich sein? Der Psalm 34,5 drückt es religiös aus: »Ich suchte den Herrn, da erhörte er mich und machte mich frei von allen meinen Ängsten.« Und der Psalm 139,5 sagt so schön: »Von allen Seiten umgibst Du mich und hälst Deine Hand über mir.« Denn die schöpferische Urenergie, die göttliche Kraft, ist allgegenwärtig.

Dieser Geist in uns ist unser unvergängliches innerstes SELBST, unser an den Körper gebundenes ICH jedoch nur etwas Vorübergehendes ohne Bestand. Und doch ist jeder Mensch mit seinem SELBST eine einmalige Individualität, in der die geistig-göttliche Qualität schlummert und lebt. Je wacher sie geworden ist, um so stärker kann die Kraft des Geistes in ihr und aus ihr wirken. Und sie wird immer wacher, je mehr wir von unserem Ego, von unserer Ichsucht lassen können, je mehr wir uns dieser anderen, der großen Kraft öffnen. Denn der Geist in uns: unser im SELBST ruhender Anteil am Göttlichen, ist in seinem Wesen nichts anderes als Kraft, lebenspendende, lebenserhaltende und lebensfördernde Kraft. Was ist unser Körper, der Mikrokosmos, anderes als das Universum, der Makrokosmos? Beide sind Erscheinungen der allgegenwärtigen Lebenskraft, sind dynamischer, vom Geist gelenkter Organismus. Im Geist ist alles eins.

So wie jeder einzelne Mensch die Heilkraft des Geistes tatsächlich oder mindestens potentiell in sich trägt, so wie er sie durch rechtes Denken und Leben zur Entfaltung zu bringen vermag, so findet er im Sinn der re-ligio, der »Wiederverbindung«, zurück zum tiefen Quell der Kraft in seinem SELBST, im Grunde seiner Seele. Und das ist immer verbunden mit gestärkter Verinnerlichung und Durchgeistung. In gleichem Maß wird dabei das ICH, die Ichsucht, die Wurzel aller »Kränkungen«, aller Krankheiten, schwinden und überwunden. Mit diesem Immer-freier-Werden der großen, der göttlichen Kraft können sich Wohlbefinden und Gesundheit mehr und mehr verwirklichen, nicht nur in Seele–Geist, in jeder Zelle unseres Körpers nicht minder.

Hier noch einige Gedanken, die zur Abrundung dieses Überblicks über das geistige Heilen nicht fehlen sollten:

Die Geistheilung ist nicht, wie wir gesehen haben und wie viele fälschlicherweise glauben, ein Wunder oder etwas Übernatürliches. Sie ist *ein ganz natürliches Phänomen.* Jeder Mensch trägt diese Fähigkeit in sich. Es geht nur darum, zur rechten Einsicht, zur rechten Gesinnung und zum rechten Tun zu kommen. Dann kann sich jeder die Pforte dazu auftun.

Übereifrige, um geistige Heilung bemühte Menschen neigen manchmal dazu, *jegliche ärztliche Hilfe abzulehnen.* Das wäre genauso kurzsichtig wie der – in der Praxis leider häufige – gegenteilige Fall. Setzen wir für die Lebenskraft, für die innere Heilkraft das Wort »Der innere Arzt« (Paracelsus redet gern von ihm, er nennt ihn Achäus), so können wir getrost sagen: Der äußere Arzt und seine Gehilfen *behandeln* mit Medikamenten, Verbänden, Operationen, den modernsten elektrischen Geräten, mit Massagen, Einrenkungen usw., während der innere Arzt, die Natur, im echten Sinne *heilt* – und nur diese. Soweit diese natürliche Heilkraft durch medizinische Bemühungen gestärkt und gekräftigt wird, ist diese nur zu begrüßen. In Fällen freilich, in denen die reguläre Medizin unserer Zeit überhaupt nichts vermag, trägt die geistige Heilung im rechten Sinn noch immer die berechtigte Hoffnung auf Hilfe in sich. Sokrates (470–399 v. Chr.): »Daß viele griechische Ärzte so wenig Menschen heilen können, kommt daher, daß sie vergessen haben, daß der Mensch nicht nur einen Körper, sondern auch eine Seele hat; von ihr wissen sie zu wenig.« Ist dieses Wort heute weniger gültig als damals?

Zum letzten der Hinweis: Besonderes *medizinisches Wissen des Heilers* ist in keiner Weise erforderlich. Ja oft ist es besser, wenn es nicht vorhanden ist. Es kann nämlich die Konzentration auf das Wesentliche: die natürlichen Heilkräfte zum Fließen zu bringen, eher stören. »Allzu scharf macht schartig!« Jedoch sind allgemeine medizinische Grundkenntnisse über die vielfältigen Funktionen des Organismus selbstverständlich von erheblichem Nutzen, weil sie ein tieferes Verständnis für die Wirkung der heilenden Energie mit sich bringen.

Was heilt?

*Das Wesen der Heilungskräfte in der Vielfalt
der Erscheinungsformen*

»... So sage ich Ihnen nach meinen Forschungen des Atoms
dieses: Es gibt keine Materie an sich. Alle Materie entsteht und
besteht nur durch eine Kraft, welche die Atomteilchen in
Schwingungen versetzt und sie zum winzigsten Sonnensy-
stem des Atoms zusammenhält.« An anderer Stelle: »Materie
an sich gibt es nicht, es gibt nur den belebenden, unsichtbaren,
unsterblichen Geist als Urgrund der Materie . . ., den ich mich
nicht scheue, Gott zu nennen.«

*Max Planck
(1858–1947)*

»Wär' nicht das Auge sonnenhaft,
die Sonne könnt' es nie erblicken.
Läg' nicht in uns des Gottes eigne Kraft,
wie könnt' uns Göttliches entzücken!«

*Goethe
(in Anlehnung an den griechischen
Philosophen Empedokles und an das
Wort eines alten Mystikers)*

Wir wissen alle, daß jede einfache Wunde von allein heilt, ohne unsere besondere Mitwirkung. Und wir wissen alle, daß wir bei komplizierten Wunden die Mithilfe des Arztes brauchen, der die verletzten Gliedmaßen und Gewebe fachkundig so einrichtet, daß dann die heilende Natur ihr Werk in der bestmöglichen Form vollenden kann. Sie braucht dazu nichts anderes als ihre natürlichen Vorbedingungen. Die Römer drückten das vor reichlich 2000 Jahren in dem bis heute erhaltenen bekannten Wort aus: *Natura sanat,* »Die Natur heilt«. Im echten Sinn kann nur dann geheilt werden, wenn die natürlichen Abwehr- und die natürlichen Heilkräfte des Organismus ungestört wirksam sind. Hippokrates, Paracelsus, Hufeland: diese großen Ärzte haben das zu ihrer Zeit genau gewußt, und die von ihnen begründeten Schulen haben es stets als die Basis ihrer Heilungslehren betrachtet.

Ohne diese Selbstheilungsfähigkeit der Natur wäre das Leben längst dahin. Wo wäre ein Leben, das sich nicht gegen alle nur möglichen Widerstände, Eingriffe, Feinde, Hungersnöte usw. immer und immer wieder behaupten müßte und muß? Im Hintergrund dieser Selbstheilung steht das, was wir als die Ganzheit des lebenden Organismus, als die Ganzheit des Menschen bezeichnen. In dieser Ganzheit steckt der Geist, der alles steuert.

Was ergibt sich aus dieser Überlegung? Wir sind immer so stolz darauf, daß der Mensch der Beherrscher der Natur sei. Ist er es wirklich? Ist er es in Wahrheit nicht nur soweit, als sich ihm die Natur von Anbeginn zur Verfügung stellt in ihrer natureigenen Entwicklung und in ihren Kräften, so auch ihrer natürlichen Heilkraft? Was vermag denn der Mensch noch, wenn sich ihm die Natur versagt? Nun hat die moderne Naturwissenschaft in ihrem analytisch-kritischen, das Ganze immer mehr zerlegenden Denken und Forschen und »Machen« in einem unvergleichlich höheren Maß die Kräfte erforscht, die die Natur ausnützen, abbauen, ja zugrunde richten als die lebendigen Kräfte, die die Natur aufbauen und immer fortleben lassen. Zu ihnen gehören mit in erster Linie ihre Abwehr- und ihre Heilkräfte.

Das Ganzheitsdenken sowohl in der Anthropologie-Psychologie als auch in der Medizin hat demgegenüber einen anderen Ansatz. Es ist das Denken, das immer vom Ganzen ausgeht und zum Ganzen hinstrebt, das das Ganze »werden« läßt. Das danach fragt und forscht, wie man dem Ganzen die Bedingungen erhalten oder wiedergeben kann, daß es gedeihen und voll erblühen und alle seine Kräfte fruchtbar entfalten kann. Das ist in seinem Wesen doch ein sehr viel fruchtbarerer Ausgangspunkt. Er ist in unserer Zeit, da das kritisch-zerlegende Denken vom Ganzen her ins Detail und ins Detail vom Detail hineingeht, in erschreckender Weise verlorengegangen. In erschreckender Weise deshalb, weil damit die Basis unseres Lebens nicht mehr gesehen, ja oft genug mit dem Stolz auf das schon Erreichte sogar noch weiter gefährdet wird.

Dieser lebensfeindlichen Entwicklung dürfen wir uns nicht anheimgeben: Besinnen wir uns auf die Ganzheit des Menschen, auf das, was ihn zum Leben bringt, was ihn schafft und trägt! Das ist und kann nichts anderes sein als die Lebenskraft, welchen Namen wir auch immer für sie gebrauchen. Was ist sie? Das soll in diesem Teil des Buches untersucht und geklärt werden.

Alles ist fließende, schwingende Energie: Materie, Körper und Seele–Geist

Gautama Siddharta, später genannt der Buddha, »der Erleuchtete«, hat schon ein halbes Jahrtausend vor Christus die Lehre verkündet, daß alles ständigem Wechsel unterworfen sei. In geradezu großartiger Weise erkannte er intuitiv das, was die westliche Atomphysik zweieinhalb Jahrtausende später mit dem Werkzeug der Naturwissenschaft exakt beweisen konnte:

daß es letzten Endes so etwas wie Materie gar nicht gibt, sondern nur Bewegung oder Fließen des Einen und Einzigen. Nennen wir es zunächst die Energie. Und alles, was sich unseren Sinnen darbietet, alle Dinge, Lebewesen, Zustände, Ereignisse sind seit je und werden immer sein, unbeständig, in stetem Wechsel, ohne Ausnahme. Heraklit (540–480 v. Chr.): Panta hrei, »Alles fließt«.

Leukippos von Milet (5. Jh. v. Chr.) und sein Schüler Demokrit (460–380 v. Chr.) sind die Begründer der Atomistik. Demokrit erklärte die Welt, *die Materie* als Zusammenschluß letzter, bleibender, unvergänglicher Teile, die sich im leeren Raum bewegen, der Atome (griechisch »atomos« = unteilbar). Das Wesen der Wirklichkeit ist für ihn Vielheit in Gestalt der Veränderung dieser letzten und kleinsten materiellen Teilchen. Ein einziger Irrtum: Die Materie ist aus gleichartigen Molekülen zusammengesetzt, von denen jedes wieder aus Atomen aufgebaut ist. Und nicht die Atome sind die eigentlich letzten Bausteine der Materie, sondern die Elementarteilchen Elektron, Proton, Neutron. Was ist das, vom Grundsätzlichen her gesehen, anders als nur ein Spiel der Worte?

Jedes Atom ist aufgebaut aus einem positiv elektrischen Kern und der ihn umgebenden viel größeren, aber viel leichteren Elektronenhülle. Den Zusammenhalt zwischen Hülle und Kern bewirken elektrostatische Anziehungskräfte, denen eine wechselseitige Abstoßung der Elektronen gegenübersteht. Je nach dem Aggregatzustand des Stoffs stehen die Atome in verschiedenartigen dynamischen Wechselwirkungen zueinander, sie sind gekennzeichnet durch ein spezifisches Schwingungsverhältnis.

Die eigentlichen Träger der Materie (»Teilchen«) sind also dynamische oder energetische Zentren, die nur einen verschwindend geringen Raum einnehmen. 100 Millionen Atome ergäben in einer perlschnurartigen Anordnung etwa 1 cm Länge! Dabei ist der räumliche Hauptanteil der makrophysikalisch repräsentierten Materie »leer« im Sinn einer naiven Anschauung und unserer »groben« Sprache. Der Schreibtisch, an dem wir sitzen, besteht physikalisch fast vollständig aus – leerem Raum, aus nichts. Dieses Nichts ist aber von so winzigen »Teilchen« durchsetzt, daß wir sie uns in ihrer Winzigkeit auch bei größter Bemühung nicht mehr vorstellen können. Es sind die Elektronen, die um ihre »Kerne« herumwirbeln, von ihnen aber durch Entfernungen getrennt sind, die hunderttausendmal größer sind als ihr eigenes Volumen. Dazwischen ist tatsächlich nichts, das Innere des Atoms ist leer. (Der elektrische Strom ist ja auch immaterieller Natur.)

Diese Leere ist jedoch erfüllt von *intensiven Kraftwirkungen*. Das Elektron bewegt sich mit 2000 km pro Sekunde um den Atomkern herum. Auch der Atomkern ist im Grunde nichts anderes als sozusagen äußerste Energieverdichtung. Diese intensiven Kraftwirkungen bilden das Feld, das die eigentlichen Materieträger umgibt, worunter man dann insgesamt die Materie versteht. Materie ist also jede in Form von Masseteilchen auftretende Energieform (die atomaren »Elementarteilchen«), die sich in einem jeweils ganz bestimmten Schwingungsverhältnis zueinander befinden. Oder ganz einfach und treffend ausgedrückt: Materie ist gebundene Energie, ist in jeweils spezifischer Weise fließende, schwingende Energie.

Hier nur die wichtigsten Marksteine in der Entwicklung der Atomphysik: Max Planck hatte 1900 seine Quantentheorie aufgestellt. Das war der Beginn der »neuen Physik« (im Gegensatz zur »klassischen«, wie bald gesagt wurde). Die Namen Werner Heisenberg (die Erkenntnis der Emissions- und Absorptionsfrequenzen, später die nach ihm benannte »Unschärferelation«), Max Born (»Bornsche Näherung«), Erwin Schrödinger (die Schrödingersche Wellenfunktion), Niels Bohr (Komplementaritätsprinzip: die Materie als Teilchen und Welle) und einige andere nicht so bekanntgewordene kennzeichnen diese Entwicklung, die das Ende des klassischen Determinismus, das Ende der exakten Vorausbestimmbarkeit bedeutet. Physikalische Prognosen sind jetzt prinzipiell auf bloße Wahrscheinlichkeiten reduziert. In dem berühmt gewordenen Solvay-Kongreß 1927 in Brüssel stellte sich Albert Einstein dem entgegen mit dem Satz: »Gott würfelt nicht«, woraufhin ihm sein persönlicher Freund und sachlicher Gegner Niels Bohr antwortete: »Es kann nicht unsere Aufgabe sein, Gott vorzuschreiben, wie er die Welt regieren soll.«

Diese großen Physiker hatten ursprünglich auch nicht entfernt die Absicht zu philosophieren. Aber das Philosophieren wurde ihnen in dem langjährigen Prozeß geradezu aufgenötigt, da sie sich mit den letzten Fragen dieser Welt und folglich auch der Stellung des Menschen in dieser Welt herumschlugen. Alle diese Großen, in seinen letzten Lebensjahren auch Einstein, waren davon überzeugt, daß hinter und über dieser uns sichtbaren äußeren Welt eine göttliche Instanz, wie immer wir sie nennen mögen, stehen müsse. – Und wie bemerkenswert: Nach allen Berichten aus seiner Zeit hat Heisenberg primär aus seiner Intuition heraus, also nicht auf dem logisch-deduktiven Weg, seine Denkergebnisse erfaßt, um sie erst hinterher in die angezeigte mathematische Form zu bringen!

Betrachten wir nun den *menschlichen Körper* als die höchste Entwicklungsform der Lebewesen in dieser Welt. Er besteht aus vielen Milliarden von Zellen. Allein das Gehirn des Menschen weist 14–18 Milliarden Zellen auf, von denen im allgemeinen nur bis zu einem Fünftel ausgenutzt werden. Die Zelle ist der elementare Baustein aller Organismen. Sie besteht aus Membranen (Zellwände gibt es nur bei Pflanzen), Zytoplasma (früher Protoplasma genannt) mit Einschüssen von lebenswichtigen chemischen Substanzen und meist aus einem Kern mit den Chromosomen. An ihnen sind als kleinste Einheiten die Gene, sozusagen die biologischen Atome, wie Perlen an der Schnur aufgereiht. Das Zytoplasma als die lebende Substanz ist durch organische Verbindungen bestimmt: Eiweißstoffe (Proteine), Kohlehydrate, fettartige Stoffe (Lipide) und Nukleinsäuren.

Im Zytoplasma finden sämtliche Lebensvorgänge statt, bei Menschen, Tieren und Pflanzen. Es besteht im wesentlichen aus dem Grundzytoplasma und aus Membransystemen. Die Zytoplasma- oder Plasmaströmung besorgt die Weiterentwicklung der anorganischen und organischen Stoffe innerhalb der Zelle. Für unsere Betrachtungen hier wesentlich: In der kleinsten Lebenseinheit, der mikroskopisch kleinen Zelle, ist ständige Bewegung, finden ständig Schwingungsprozesse statt. Jede Zelle, jedes Blutkörperchen (auch eine Zelle für sich) besitzt eine winzige, aber eine eigene elektrische Ladung mit ihren zugehörigen Strömungen. Wenn diese Ströme im Gehirn erlöschen, dann tritt der endgültige körperliche Tod ein. Dann hat sozusagen der bioelektrische Körper seine Funktionsfähigkeit verloren: Die Energie kann nicht mehr schwingen und fließen.

Erinnern wir uns an das Beispiel des Schreibtisches: Er besteht im wesentlichen zwar aus leerem Raum, aus nichts, erscheint uns aber doch als ein recht solides Möbelstück. Und warum das? Doch nur, weil *wir die Welt bloß durch unsere fünf Sinne begreifen können,* die auf das Fließen der Energie, genauer: auf die jeweils besondere Schwingungsfrequenz, reagieren. Sie »machen« die Welt für uns so, wie wir sie erleben. Anders ausgedrückt: Die Vibrationen, die im jeweils besonderen Rhythmus der Schwingungen der elektromagnetischen Wellen die Nervenenden unserer Sinnesorgane treffen, bestimmen unsere Eindrücke und Erlebnisse. So reagiert das durchschnittliche menschliche Ohr auf den großen Bereich von 16 bis zu 20000 Schwingungen in der Sekunde und nimmt sie durch die Umsetzung im Gehirn als Töne wahr. Wir können Wellen von äußerster uns unvorstellbarer Kürze sehen: Rot ist kürzer als sieben Zehntausendstel, Violett etwas länger als vier Zehntausendstel eines Millimeters.

Andere Lebewesen haben andere Sinnesorgane, mit anderen Worten: Sie sprechen auf verschiedene Schwingungsbereiche anders an als wir Menschen. Deshalb *leben sie wahrhaftig in anderen Welten*, weil sie andere Sinnesempfindungen und Erlebnisse haben. Allgemein bekannt ist die Hundepfeife, die wir überhaupt nicht hören, die aber Hunde und besonders solche bestimmter Rassen zusammenzucken lassen. Manche erdbewohnende Tiere verlassen ihre ansonsten schützenden Wohnungen in der Erde oft Stunden vorher, ehe der empfindlichste von Menschenhand konstruierte Seismograph die ersten Erschütterungen eines Erdbebens aufzeichnet: Möglicherweise vernehmen sie die allerfeinsten ungewöhnlichen Erdschwingungen wie ein fernes Donnergrollen. Wie erklärt sich der Orientierungssinn von Vögeln über viele tausend Kilometer hinweg? Ganz »einfache« Lebewesen, wie gewisse Pflanzenkeime oder Muscheln, haben einen so unglaublich entwickelten Sinn für das Gravitationsfeld der Erde, daß sie sich unter der Erdoberfläche und bei völliger Dunkelheit nach dem Stand von Sonne und Mond richten können. Neuerdings wird mehr und mehr bekannt, wie sehr Pflanzen in der Lage sind, auf menschliche Gefühle, auf die innere Einstellung der sie pflegenden Personen, zu reagieren. Das Rätsel der chinesischen Akupunktur mit ihren rund 700 Einstichstellen oder Kontaktpunkten und den sogenannten Meridianen als Energieleitadern ist bis heute naturwissenschaftlich ungeklärt, an ihrer Existenz und Wirksamkeit kann aber kein Zweifel sein. Viele weitere Beispiele ähnlicher Art ließen sich anführen. Immer steht im Hintergrund das Schwingen und Fließen der Energie.

Was ergibt sich daraus? Nichts anderes als *die Begrenztheit unserer menschlichen Empfindungen und Wahrnehmungen.* Unsere Sinne nehmen nur einen Teil der Wirklichkeit wahr. So waren jahrtausendelang die elektromagnetischen Schwingungen der Radiowellen für uns Menschen nicht existent, weil wir die Technik der Umformung in die für unser Gehör gemäße niedrigere Frequenz noch nicht beherrschten. So haben wir ganz gewiß mehr als die schon von Aristoteles genannten fünf Sinne. Die Parapsychologie kann heute in allen Ländern der Welt als Tatsachen zweifelsfrei nachweisen, was als Unsinn oft genug belacht wird, obwohl nicht selten menschheitsalte Erfahrungen darüber vorliegen. Die Schwingungsgesetze sind offensichtlich von universaler Gültigkeit. Sie übersteigen die menschliche Aufnahmefähigkeit und berühren die Lebensenergie jenseits davon, da sie schon Teil der kosmischen Welt sind. Der Franzose Louis Turenne ging bei seinen erfolgreichen Forschungen schon in den zwanziger Jahren davon aus, daß alles im Universum schwingende Energie ist und die Schwingungseinflüsse die Atmosphäre der Erde durchdringen. Offensichtlich gibt es Personen, deren Sinnenleben – mindestens unter bestimmten Bedingungen wie zum Beispiel in der meditativen Versenkung – einen erweiterten Erlebensbereich haben. Einen Teil davon bezeichnen wir dann als »Zweites Gesicht«. Aber der durchschnittliche Mensch bleibt begrenzt auf seine fünf Sinne, die ihm, verbunden mit der Aktivität des Bewußtseins, die Welt vermitteln.

Jetzt können wir uns der *menschlichen Persönlichkeit* zuwenden, dieser Einheit von Leib und Seele–Geist. Leider sehen wir den Begriff der Persönlichkeit im allgemeinen nicht *vom Phänomen der Energie her.* Dabei ist die Energie doch von der allergrößten Bedeutung für die Persönlichkeit und ihren Standort in dieser Welt. Zunächst ist schon sein Maß an Energie geradezu entscheidend für den Menschen und dann die Art, in der die Energie frei fließt und schwingt oder nicht fließen und schwingen kann. Energie und sich frei entfaltende Lebenskraft hängen unmittelbar zusammen, sie sind im Kern ein und dasselbe. Wer das ständige Schwingen der Lebenskraft zwischen den beiden Polen der Spannung und der Lösung, in ihrer Polarität zwischen Yang und Yin, verstanden und es bewußt erlebt hat, der trägt den Schlüssel zu dieser Erkenntnis und ihrer Folgen in sich, die jede Lebensäußerung ergreifen.[3]

Schon die *dauernde Energie-Wechselbeziehung des Körpers zu seiner Umwelt* prägt den Menschen. Positive Kräfte wie ein strahlend-schöner Morgen, ein frischer Wind, ein belebendes Landschaftsbild, die Berührung mit einem glücklichen Menschen wirken auf uns ein, indem sie unsere zuvor vielleicht »verklemmte« Energie, unseren zuvor stockenden oder gehemmten Energiefluß freisetzen und uns – wie man so sagt – zu einem anderen Menschen machen. Und umgekehrt können negative Kräfte wie düstere, deprimierende Wetterperioden, häßliche Dinge oder Erlebnisse, der Kontakt mit einer niedergedrückten Person unseren vorher freien Energiefluß hemmen und uns in schlechte Stimmung versetzen, indem sie unsere Energie stauen und blockieren. Mag das bei verschiedenen Menschen in verschiedenem Maß geschehen, im Prinzip sind wir dem alle unterworfen. Und wer mit Energie aufgeladen ist, der hat eine stärkere Abwehrkraft gegen negative Einflüsse aller Art. Er wirkt auf andere positiv, belebend, trägt sie über negative Stimmungen hinweg usw., besonders wenn seine Energie in ihm und nach außen hin frei strömt. Das spüren wir alle instinktiv. Es ist die frei gelöste Kraft, die diesen Menschen kennzeichnet.

Jeder Vorgang in uns, jedes Gefühl, jede Stimmung, ja jeder Gedanke *hat seine spezifische Energieschwingung*. Sympathie und Antipathie, Freude und Trauer, Sattheit und Hunger, Zuneigung und Liebe, etwa die intensiven ineinander überfließenden Schwingungen zweier Verliebter ebenso wie Ablehnung und Haß.

So sehen wir, daß die uns belebende Energie in mehr oder

minder *inniger Beziehung zur Energie in der Welt um uns* steht. Und darüber hinaus auch zur Energie im Weltall. Sie wirken alle wechselweise aufeinander ein. Denn der Mensch lebt nicht isoliert auf diesem Stern. Derjenige, der es gelernt hat, im Sinn der altindischen Pranalehre Prana, d. h. Lebenskraft, Energie, mit seinem Atem in sich aufzunehmen, der weiß es unbezweifelbar aus seinem persönlichen Erfahren, daß es so ist. Wer sich in die größere Ordnung eingebettet fühlt, muß in viel tieferer Weise beseelt, energiebeschwingt sein. Auch die menschliche Persönlichkeit ist somit Energieschwingung, ist fließende, schwingende Kraft, Lebenskraft; und zwar in ihrer Ganzheit von Körper und Seele–Geist.

Unsere *Atmung* ist ein Beispiel für den ständigen Fluß der Energie. Das Atmen vollzieht sich im ständigen rhythmischen Wechsel von Spannung und Lösung, von Yang und Yin. Die Erhaltung der lebensnotwendigen Energie oder Lebenskraft setzt die richtige Atmung voraus. Durch sie wird sie gestärkt, durch falsche Atmung geschwächt. Das Einatmen, primär nur durch Spannung der Kraft möglich, führt zur Ausdehnung von Lunge und Brustraum (»Explosion«), was sofort die nachfolgende Lösung der Kraft bewirkt, also die Verminderung des Lungen- und Brustvolumens bis zum Spannungsnullpunkt mit seinem relativen Vakuum (»Implosion«). (In gesteigerter Form führt es zur Luftnot und zum Ersticken.) Und das bewirkt dann seinerseits wieder das erneute Einatmen. In diesem fortlaufenden rhythmischen Wechsel von Spannung und Lösung, von Lösung und Spannung unserer Kraft fließt die Lebensenergie im ständig schwingenden Auf und Ab dahin. Ja, sie wird uns erst dadurch zuteil. Der Atem zeigt uns beispielhaft, daß sie wahrhaftig der Träger unseres Lebens ist.

Nicht der Körper, sondern sein Geist ist der wahre Kern des Menschen

Einen großen Schritt vorwärts in unseren begrenzten menschlichen Erkenntnismöglichkeiten hat die *Hochfrequenzfotografie* gebracht. Was medial begabte Menschen zu allen Zeiten und in allen Völkern gesehen haben und sehen, was empfindsame Jugendliche in ihrer Pubertät zuweilen sehen, was dem Durchschnittsmenschen jedoch mit seinen Augen zu sehen versagt ist, das kann man seit einigen Jahrzehnten fotografieren: die Aura von Menschen, Tieren, Kleinstlebewesen und Pflanzen. Wir können auch vom feinstofflichen (im Gegensatz zum grobstofflichen, physischen) oder vom Geistkörper sprechen.

Das mittlerweile weltberühmt gewordene russische Ehepaar Semjon und Valentina Kirlian entdeckte schon 1939 beim Experimentieren mit Hochfrequenzfotografie (70 000 bis mehrere 100 000 Hertz, also elektrische Schwingungen pro Sekunde) die *Ausstrahlung von lebenden Substanzen und Organismen,* zum Beispiel eines Blattes oder eines menschlichen Fingers, einer Hand, des ganzen Körpers. Die im Hochfrequenzfeld aufgenommenen Fotos zeigen eine unbeschreibliche Fülle von leuchtenden Linien, Punkten, Strahlen, Lichtkratern, von Funken, Leuchtfeuern und glitzernden Flammenerscheinungen. Immer wieder wird das aufregende Panorama von Flammen, Farben und Blitzen, von Myriaden glimmender oder gleißender Energiepunkte beschrieben.

Ein frisches, soeben vom Zweig genommenes Blatt zeigt ein leuchtendes Feld um sich, mit Flammenmustern in verschiedenen rötlichen und ähnlichen Tönen an seinen Rändern. Beim welk werdenden Blatt erlöscht langsam das Lichterspiel. Und beim vollends gestorbenen ist es total erloschen. Die Kirlians sprechen von der »Biolumineszenz«, die zahlreichen russischen Forscher, die insbesondere seit Beginn der sechziger Jahre auf diesem Gebiet außerordentlich aktiv sind, vom »Bioplasma«, und die Amerikaner, die mittlerweile wohl gleichgezogen haben, von der »Bioenergie«. Hier ist nicht der Ort, auf die vielen faszinierenden Einzelheiten einzugehen, die in der mittlerweile zahlreich erschienenen Literatur, auch mit vielen Wiedergaben solcher Fotografien, nachzulesen sind (siehe Literaturverzeichnis am Ende des Buches).

Das für uns Wesentliche in Kürze:

– Wir dürfen mit an Sicherheit grenzender Wahrscheinlichkeit annehmen, daß *alles, was lebt, vom »Bioplasma« beseelt* ist.

Dieser den physischen Körper umgebende »Bioplasmakörper« ist dem physisch-materiellen Körper genau angepaßt und dabei fein gegliedert, trotz seiner kaum glaublichen Wandelbarkeit. Mit steigender Entwicklung wird er immer mehr verfeinert.

– Dieser *»Energieleib« oder »bioenergetische Körper« wird von allen Faktoren beeinflußt,* die normalerweise irgendeine Wirkung auf den Menschen, auf seine Seele, auf seine Stimmung ausüben: von Stürmen und Gewittern, Tages- und Jahreszeiten, den Phasen der Gezeiten und des Mondes, von Stille und Lärm. Er reagiert auf Alkohol, Drogen, Nikotin und andere Reizstoffe ebenso wie auf die verschiedensten Gefühlsbewegungen und Gedanken, zum Beispiel nervöse Erregung, Zorn, Müdigkeit, aufkommender Streß, Depression, Freude, Wohlbefinden usw. Jede halbwegs intensive Farbe, der wir ausgesetzt sind, verändert sofort seine Tätigkeit und sein Erscheinungsbild. Das gleiche geschieht durch kosmisches Geschehen wie Ausbrüche glühender Gase auf der Sonne (Sonnenprotuberanzen) und dergleichen. Russische und amerikanische Forschungen mit der Kirlian-Fotografie zeigen übereinstimmend zum Beispiel auch, wie sich die Bioenergie an den Händen von handauflegenden Heilern bei der Behandlung von Patienten fortschreitend verändert.

– Es ist durchaus möglich und vieles spricht dafür, daß wir mit dieser Entdeckung auch der Erklärung eines bisher unbekannten Energienetzes, *eines nur noch recht begrenzt körperlichen Energiesystems*, nähergerückt sind, wie es uns aus der praktischen Erfahrung mit der jahrtausendealten chinesischen Akupunkturlehre oder der Fußreflexzonendiagnostik und -therapie bekannt ist. Es sind Phänomene, an denen nicht gezweifelt werden kann, auch wenn man sie bisher nicht erklären konnte.

– Der Mensch verfügt demnach offensichtlich über zwei verschiedene Körper:

1. Der uns wohlbekannte materielle oder grobstoffliche Körper: Dessen letzter Kern, die Basis seines Lebens, ist die Zelle, sind ständige Schwingungsprozesse der Energie in ihr und damit im ganzen Leib. Feinste elektrische Ströme besorgen den richtigen Ablauf. Mit ihrem Erlöschen stirbt und verfällt die-

ser grobstoffliche Körper und damit unser Leben in dieser Welt.

2. Der in seiner Existenz nachgewiesene Energieleib oder feinstoffliche Körper, der viele Bezeichnungen hat: bioenergetischer Körper (Wilhelm Reich, Alexander Lowen), Bioplasmakörper, Seelen- oder Geistkörper, Doppelkörper, auch Strahlen-, Ätherkörper oder Astralleib, Phantom oder Fluidal genannt. Dem feinstofflichen Körper zugeordnet ist auch der Begriff der »Aura« oder nach der altindischen Auffassung die Verdichtung von Prana, der alles Lebende durchdringenden Lebensenergie.

Nicht wenige Forscher unterscheiden zwischen dem Bioenergie- oder Bioplasmakörper, der in seiner Ausstrahlung von hocherregten Substanzen noch quasi materielle Eigenschaften habe, der an den physischen Körper gebunden sei, der sich nach dem Tod daher auch langsam auflöst, und andererseits dem echt-feinstofflichen oder Geistkörper. Dieser sei in seiner Gestalt dem physischen Leib gleich, er besitze auch sämtliche Organe in getreuem Abbild. Er gilt als der eigentliche Träger unserer Persönlichkeit.

Ganz in diesem Sinne wird schon vor 3000 Jahren im ägyptischen Totenbuch klar unterschieden das ätherische Energiefeld des materiellen Körpers, genannt KA, und der eigentliche Geist- oder feinstoffliche Körper, genannt BA. KA können wir treffend auch als den »Seelenkörper« bezeichnen, denn er ist – wenn wir die Seele als das lebenspendende Element für den Körper sehen – wesensmäßig an den Körper gebunden und löst sich nach dem Tod mit ihm auf. Er stellt das Bindeglied zwischen dem materiellen Körper und dem eigentlich unsterblichen und unzerstörbaren »Geistkörper« BA dar, gewissermaßen nur dessen Ausstrahlung, solange wir in dieser unserer Welt mit unserer Persönlichkeit an den grobstofflichen Leib gebunden sind. BA ist der eigentliche Träger unserer Persönlichkeit, unser winziger Anteil Geist an dem gewaltigen Schöpfergeist, der von Anbeginn war und immer sein wird. In ihm sind wir der Tropfen Geistigkeit aus diesem vergleichsweise unermeßlichen Ozean.

Weitere oft schon intellektualistisch anmutende Aufspaltungen der »Aura« sind in unserem Zusammenhang uninteressant. *Wesentlich ist die Existenz dieses feinstofflichen Körpers,* den man im Sinn der altägyptischen Lehre von KA und BA *in seiner Doppelgliedrigkeit* zu sehen hat: den körpergebundenen bioenergetischen oder »Seelenkörper«, die altbekannte Aura (KA), wovon wir zu unterscheiden haben den Ur- oder eigentlichen Energiekörper (wie wir ihn auch nennen können) oder den echten »Geistkörper« (BA). Der erste (KA) ist eng an die lebende Materie unseres Lebens gebunden und erlischt deshalb mit seinem Tod. Das hat die Kirliansche Fotografie bewiesen. Der zweite (BA) ist materiefreier Geist, der Kern unserer Persönlichkeit in dieser ebenso wie in der anderen Welt, aus der wir kamen und in die wir wieder eingehen: die Welt des Geistes. Er kann nicht sterben. Das können auch die vielfältigen Forschungen um das Sterbeerlebnis und die bereits klinisch tot gewesenen und dann wieder ins Leben zurückgeholten Menschen überzeugend dartun (siehe Literaturverzeichnis). Und ungezählte Zeugnisse aus allen Kulturen wissen davon zu berichten. So auch die heutige Parapsychologie aller Länder mit ihren Forschungen über das zuweilen auftretende unmittelbare Wirken des Geistes von Verstorbenen.

Denn schon nach dem fundamentalen Naturgesetz von der Erhaltung der Energie, das besagt, daß sich die Energie wandeln, aber niemals in ein Nichts auflösen oder vernichtet werden kann, kann auch der menschliche Geist als letzter Träger der Lebensenergie nicht spurlos verschwinden.

Wenn wir zwischen diesem bioenergetischen feinstofflichen Körper und dem eigentlichen Geist-feinstofflichen Körper unterscheiden, dann löst sich sofort der vermeintliche Widerspruch auf, daß der »feinstoffliche« Körper als Aura nach dem Tod verschwindet und als Erscheinung des reinen Geistes doch unauflöslich und unzerstörbar ist. – Nebenbei sei noch auf die bemerkenswerte Tatsache hingewiesen, daß Ärzte in verschiedenen Ländern verschiedentlich das Gewicht von Sterbenden auf einer Präzisionswaage überprüft und dabei mit dem Eintreten des Todes physiologisch nicht erklärliche Gewichtsverluste von 20–70 Gramm festgestellt haben.[4]

So kann man davon ausgehen, daß *dieser Geist- oder Energiekörper der eigentliche Kern auch des materiell-physischen Menschen* ist, der unvergängliche Träger seines Wesens. Er prägt deshalb auch den vergänglichen materiellen Körper nach seinem Bild. Der Körper ist demnach vergleichsweise unwesentlich. Das Wesentliche ist der Geist. Der Körper folgt dem Geist gleichsam nach, er ist nur sekundär betroffen. In der Bibel heißt es: Gott (der Geist) »prägte den Menschen nach seinem Bild«! Und Goethe sagt so schön: »Es ist der Geist, der sich den Körper baut.«

Daß der Geist der wahre Kern des Menschen ist, kann uns auch die wohl wichtigste Funktion des Geistes im Menschen aufzeigen: *seine Fähigkeit zu denken*, die Welt in Gedanken zu erfassen und sie in Gedanken zu prägen, bevor die Tat folgen kann. Jeder Gedanke ist eine feinstoffliche Realität und insofern schon ein Tun, ein aktives Tun. Daher ist in der feinstofflichen Welt Denken und Tun ein und dasselbe. Wie oft haben das medial befähigte Menschen von dem, was uns nach unserem Tod erwartet, wenn wir in die geistige Welt zurückkehren werden, schon behauptet und beschrieben! – »Das Himmelreich ist in euch« (Lukas 17,21); ist es dann die Hölle nicht genauso?

Jeder Gedanke ist eine Kraft. Wer sich ständig positiven, aufbauenden, belebenden, fruchtbaren Gedanken hingibt, der fördert diese positiven Kräfte in sich und wandelt seine Persönlichkeit in diesem Sinn. Und wer sich vorwiegend negativen, niederziehenden, lähmenden, unfruchtbaren Gedanken hingibt, der nährt diese negativen Kräfte in sich und verändert langsam, aber sicher seine Persönlichkeit in diese Richtung hin. Die oft erhobene Forderung nach der richtigen Gedankenhygiene ist nur zu berechtigt. Der vielleicht bedeutendste deutsche Geistheiler JOHN (Günther E. Schwarz) predigt als einen seiner Kernsätze: »Was du denkst, das bist du!« Und der Mystiker Jakob Böhme (1575–1624) in seinem »Dreifaltigen Leben«: »Was immer die Seele während ihres Erdenlebens in ihren Willen aufnimmt und womit sie verstrickt wird, das wird sie nach dem Tod des Körpers mit sich nehmen.«

Jeder Gedanke ist eine Kraft. Denn unsere *Gedanken sind schwingende Energie feinster Prägung,* sind mikroelektrische Impulse, wie sie die Aufzeichnung der Gehirnströme durch das EEG (Elektroenzephalogramm) schriftlich festhält. Das menschliche Bewußtsein nimmt unzählige Bewußtseinsschwingungen auf, die in Gedanken, Bewegungen, Blicken,

Worten, Taten, dem bewußten Schweigen usw. anderer enthalten sind. Und umgekehrt sendet jedermann unaufhörlich Schwingungen aus, die andere Wesen – Pflanzen, Tiere und Menschen – beeinflussen, auch Dinge, zum Beispiel die Atmosphäre eines Raumes (der »Spiritus loci«, wie die Römer sagten), die sensible Personen deutlich erfühlen.

Wenn *viele Menschen gleichzeitig im gleichen Sinn denken und fühlen*, dann vereinigen sich die Gedankenschwingungen der einzelnen wie zu einem Gedanken- und Schwingungsstrom, den jeder verspüren kann. »Die Gruppe trägt«, sagt man, wenn eine Gemeinschaft gleicher Gesinnung miteinander arbeitet oder übt und den einzelnen »mitreißt«. Die Menschenbeeinflusser im besten Sinn wie die üblen Demagogen haben es zu allen Zeiten verstanden, sich diesen Strom zunutze zu machen.

Nochmals: Jeder Gedanke ist eine Kraft. Positive, liebende *Gedankenschwingungen finden ihren Empfänger unmittelbar,* wenn er entsprechend aufnahmefähig ist, und sie wirken in ihm fort. Liebende oder einander sonst eng verbundene Menschen erleben das in der ganzen Welt vieltausendfach. So wurde auch das Phänomen der Gedankenübertragung über größte Entfernungen hinweg x-mal experimentell nachgewiesen. Demgegenüber prallen negative, böse Gedanken von dem Menschen ab, der sich nicht selbst in der gleichen oder einer ähnlichen Schwingung seines Denkens befindet. Daher der alte Glaube, daß ein reines Herz die beste Schutzhilfe gegen das Böse ist.

Natürlich spielt *die Intensität der Gedankenschwingungen* eine große, oft die entscheidende Rolle. Das gilt für Gedanken wie für gesprochene Worte. Das von seelischen Schwingungen, von seelischer Intensität getragene Wort hat eine starke Wirkungskraft. Das vielzitierte Engagement des Redners ist ein überzeugendes Beispiel von seiner ausstrahlenden, in die Tiefe gehenden Überzeugungskraft. Dahinter steckt immer die freie, die »lebendig« gewordene Lebenskraft, für die wir gerade in diesem Zusammenhang auch Lebensgeist sagen können. Das Wachwerden des Lebensgeistes bedeutet immer, daß der Betreffende mehr von seiner schlummernden Kraft, seiner Energiepotenz aktiviert, zum Beispiel bei seelischen Erregungen irgendwelcher Art, bei Begeisterung (Be»geist«erung!), die ihn ergreift, oder – wie soeben angeführt – beim engagierten Redner. Und auf der anderen Seite weiß jedermann, wie die Energie des Lebensgeistes bei depressiven Gefühlszuständen schwindet. Und wohl jeder weiß auch von der Flachheit und Leere der Worte aus dem Mund geschwätziger Leute. Daher der Ausspruch Jesu (Matth. 12,36), daß der Mensch für jedes unnütze Wort verantwortlich sei.

Wenn ein intensiver Bewußtseinszustand zum echten Gefühl der Überzeugung ohne einen Rest von Zweifel verdichtet ist, dann kann sich diese *Gedankenenergie auch in der einen oder anderen Form in der körperlichen Welt kundtun.* So wurde unter Testbedingungen einwandfrei festgestellt, daß das intensive Denken an etwas ganz Bestimmtes, zum Beispiel an ein bestimmtes Element, genau das Schwingungsbild erzeugt, das dem betreffenden Element auch in der Wirklichkeit zu eigen ist. Und die unbezweifelbaren Phänomene der Gedankenübertragung oder auch der Psychokinese bei Sterbenden legen dafür ein klares Zeugnis ab. So können wir abschließend noch einmal diesen »Lehrsatz« von fundamentaler Bedeutung herausstellen: *Jeder Gedanke ist eine Kraft.*

Das Wesen der Wirklichkeit, so wie unsere Sinne sie von außen her sehen und erleben, ihre innere Natur, *ist in Wahrheit Geist.* Der Geist ist der wahre Kern auch des Menschen: Die seelisch-geistige Energie ist immer das Wesentliche, sie hat den Vorrang vor der körperlichen. Sie ist es, die die körperliche steuert, sich ihrer bedient. In der Welt der äußeren Wirklichkeit kann nichts geschehen, was nicht zuvor mit seelisch-geistiger Energie vorbedacht, vor-vollzogen wurde. Zuerst ist immer die geistige Überlegung und »Konstruktion«, bevor die körperliche oder materielle Auswirkung erfolgt. Und wenn der Mensch primär ein geistiges Wesen ist, dann kann auch nur auf geistigem Weg das Wesen des Bösen und das Wesen der Krankheit aus der Welt geschafft werden.

So ist auch *der Körper nur Ausdruck von Seele–Geist*. Wie das schon rund 3000 Jahre vor Christus der altägyptische Gott Thot, von den Griechen Hermes Trismegistos genannt, der als Begründer aller Künste und Wissenschaften verehrt wurde, in der knappstmöglichen Form ausdrückte: »Wie innen – so außen.«

Jedes Element, jeder Gegenstand, jedes Lebewesen, alles was existiert, hat seine eigene, besondere Schwingung. *Der Geist formt die Energiefelder* mit ihren Schwingungen. Diese individuellen Energiefelder werden aufgebaut und bestehen immer nur entsprechend der geistigen Aktivität und dem wechselnden Bewußtseinszustand. Alles besteht aus Geist, der sich in verschiedenen Aggregatzuständen kundtut. Materie ist verdichteter Geist. Auch der Körper ist nichts anderes als Materie gewordener verdichteter Geist.

Aber: *Die wahre Wirklichkeit des Geistes ist unseren Sinnen verborgen.* Sie gaukeln uns die Materie als beständig vor, während wir den Geist als den Ursprung aller Dinge weder sehen noch riechen, noch tasten können. Wir können ihn normalerweise nicht erkennen in seiner räumlichen und zeitlichen Unendlichkeit und als das, was er tatsächlich ist: der Schöpfer der Materie. Durch diesen unseren allzu menschlichen Blickwinkel fallen wir der Täuschung wieder und wieder zum Opfer und erfassen nicht, daß die Materie keine eigentliche Existenz haben kann. Das Primäre ist der Geist. Ihr Unterschied zum Geist liegt, energetisch gesehen, in der anderen Frequenz, im anderen Bereich seiner Energieschwingung. So ist auch unser Körper ja nichts anderes als Materie gewordene Schwingung. Wir müssen nur die Täuschung durchschauen, die uns den Geist als dem Wesen nach Körper gewordene Materie und damit das in Wahrheit Unendliche und Unzerstörbare als endlich vorgaukelt.

Durch diese Täuschung zerreißt auch die Verbindung unseres kleinen menschlichen Bewußtseins zum großen kosmischen oder göttlichen Bewußtsein, von dem es ja nur eine Art Abspaltung ist. Wer sich intensiv genug, zum Beispiel durch meditative Übungen, mit dem Großen Geist zu verbinden weiß, der erfaßt diese Täuschung in ihrem ganzen Gewicht. Der weiß in der Tiefe seines Herzens von der Wahrheit der Worte des Psalms 139,5: »Von allen Seiten umgibst Du mich und hältst Deine Hand über mir.«

Was ist eigentlich die Seele, von der auch hier immer wieder gesprochen wird? Im engeren Sinn – wie in diesem Buch meist gebraucht – ist sie der Vermittler und Träger des Lebens. Solange der Leib lebt, ist er beseelt. Stirbt er, weicht die Seele aus ihm: der Tote ist »entseelt«. Und im weiteren Sinn wird der Begriff der Seele bei dem mit Geist ausgestatteten Menschen oft gleichbedeutend angewendet mit Bewußtsein oder besser: mit der verwurzelten Überzeugung des Menschen, Teil oder Glied zu sein der großen, der universellen Ordnung.

Das Unvergängliche am Menschen, eben seine Seele in diesem weiteren Sinn, für die wir besser sagen: sein Bewußtsein, sein Geist, *kann nicht sterben*. Sie ist als Träger des Lebens in dieser Welt nur Teil, nur ein ganz winziger Teil der urgewaltigen und alles umfassenden Energie, aus der alles gemacht ist und ohne die nichts existiert. In höhere geistige Sphären, die mehr oder weniger weit über der uns normalerweise zugänglichen liegen, gelangen wir durch den Tod, wenn wir wieder eingehen in »unsere uralte Heimat« (Baudelaire), aus der wir gekommen sind. Wir können in diese höheren geistigen Sphären aber auch gelangen durch die unerhörte Kraft unserer intensiven Gedanken, wenn sich unser Bewußtsein entsprechend ausweitet. Denn die Macht des Geistes, der alles schafft, ist für unser menschliches Verständnis unermeßlich groß.

Der große Denker Platon (427–347 v. Chr.) *hat in seiner Ideenlehre,* geleitet vom Geist seines Lehrers Sokrates, ewige Wesenheiten erkannt: die Idee des absolut Vollkommenen. Erst diese Idee des höchsten Ziels für uns Menschen gibt unserem Leben einen Sinn. Sie kann nie verlorengehen. Die Idee des absoluten Wahren ist die Triebkraft für alles Forschen und Mühen um die rechte Erkenntnis, so sehr wir in der Verwirklichung des Mühens auch vom Ideal entfernt bleiben mögen. Die Idee des sittlich Guten ist der ewige Maßstab für all unser Tun, so wenig sich die absolute Gerechtigkeit vom unvollkommenen Menschen in dieser Welt erreichen läßt. Und die Idee des ästhetisch Schönen formt die Gestaltung und Ausgestaltung unseres Lebens und unseres Tuns, nicht nur des echten Künstlers, sondern jedermanns, so entfernt von der vollendeten Schönheit das Ergebnis auch sei. Diese Denkformen liegen im menschlichen Geist fundiert und bereit – zu jeder Stunde.

So ist Platons Ideenlehre eine tiefe Wahrheit: Im Geist sind die Gesetze begründet und bewahrt und unaufhörlich am Werk, die dem Menschen eingeboren sind, denen er mit innerem

Zwang folgen muß. Und so zieht Platon den unvermeidlichen Schluß: Unseren Geist müssen diese ewig gültigen Ideale schon ausgezeichnet haben, bevor er sich in den körperlichen Leib des Menschen begab. Er muß sie also aus einer anderen größeren Welt mitgebracht, er muß sie schon zuvor, »a priori«, gewonnen haben. Dieses apriorische Erkennen ist dem sinnlich-anschaulichen Erkennen gegenüber das ursprünglichere, das höhere Erkenntniselement. Es ergibt zwar keine materiell greifbaren Tatsachen; es ermöglicht jedoch erst alles tiefere Eindringen und Begreifen, wenn wir die den Sinnen verborgenen, unserem Leben zugrunde liegenden Wahrheiten ergründen wollen.

Der Geist war von Anbeginn. Er ist absolut zeitlos. Die geistigen Energien des Menschen, wie sie immer beschaffen seien, schwingen in ihrer eigenen kosmischen Weise. Sie sind immer der Kern seines Bewußtseins, ein Teil jener letzten und universalen Kraft, die alles bewegt, aus der alles entsteht. Aber leider zerlegt, analysiert, kategorisiert der Mensch alles, was ihm begegnet. Und so kann er das Wesen der Dinge, das kosmische Bewußtsein gar nicht mehr erkennen, das a priori, von allem Anfang an schon bestand, da der Mensch auf unserem Stern noch gar nicht existierte.

Demgegenüber ist die Gottheit Platons das absolut Vollkommene, »das auf keine Weise sagbar ist«, »die letzte Ursache, die sich noch jenseits des Seins befindet«, der Vater, von dem »die Sonne nur der Sproß ist«, »der Baumeister der Welt«, der über »die exakteste Erkenntnis« verfügt, »der wahre und göttliche Geist«. Der zur Endlichkeit verurteilte Mensch kann die unermeßliche Größe der unendlichen Gottheit nie begreifen. Die Bezeichnungen, die Namen, die Vorstellungen über das Unsagbare wechseln. Das unverrückbar Bleibende ist das, was sich in unserer Sprache wohl am besten mit der zuletzt zitierten Beschreibung Platons in das Wort fassen läßt: »der wahre und göttliche Geist«. Der Geist ist wahrhaftig der Kern auch unseres, des menschlichen Wesens.

Gesundheit und Krankheit als energetischer Prozeß

Solange Leben existiert, wird *in einem stetigen Umwand-lungsprozeß Energie aufgenommen und abgegeben*, einge-setzt und verarbeitet. Die Art und Weise, wie das geschieht, bestimmt in hohem Maß die persönliche Entwicklung und die Gesundheit des einzelnen. In ganz natürlicher Weise kann ein jeder die Energetik, den Energiefluß in seinem Organismus steuern. Dieser Zusammenhang wird uns nur nicht von klein auf so vermittelt wie andere, die weit weniger wichtig für uns sind. Das ist der ganze Grund, weshalb diese Erkenntnis zu-nächst auf Unglauben und Zweifel stößt. Was Gesundheit und Krankheit eigentlich sind, wurde auf Seite 19 dargestellt. Hier geht es im Anschluß an diese Grundbetrachtung um den Zu-sammenhang mit dem lebenswichtigen Energiegeschehen in uns. Zuvor noch eine Überlegung, die uns mitten in dieses Problem hineinführt.

Von fundamentaler Bedeutung für das Wohlbefinden des Menschen, für sein Freisein von Hemmungen und Störungen ist *der ungehinderte äußere Ausdruck seiner inneren Gefühle.* Mit anderen Worten: Was in ihm vorgeht, muß sich frei nach außen hin abreagieren können. Ist ihm das nicht möglich, dann setzt sofort der verhängnisvolle Prozeß der Stauung von Ener-gie ein. Die Sitten und Gebräuche, auch die jeden einzelnen erfassenden religiösen Riten vieler Naturvölker sind regelmä-ßig wiederkehrende Abreaktionen für sich allenfalls aufbau-ende Stauungen oder Blockaden von Gefühlen, noch bevor sie sich richtig festsetzen konnten: Wohl ein entscheidender Grund für die köstliche Naivität im besten Sinn des Wortes, für die Unbekümmertheit und Unkompliziertheit, für die innere Freiheit dieser Menschen (solange sie nicht durch zu enge Be-rührung mit der westlichen Zivilisation verdorben sind).

Ungehinderter Ausdruck, Abreaktion von Gefühlen und ihren Spannungen *setzt den freien Energiefluß voraus*, die Durch-gängigkeit der Gewebe des Körpers für das Fließen und Fluten seiner Lebenskraft. Vergleichen wir den Körper als Ganzes mit einer seiner Zellen: Denken wir daran, was da im Körper alles ständig in fließender Bewegung ist – das Blut, die Lymphe, Magen- und Darminhalt mit ihren Flüssigkeiten, das Fließen von Zelle zu Zelle, die Ströme in den Nerven usw. –, genauso wie es in der einzelnen Zelle die Voraussetzung ihrer Lebensfunktion ist. Dann kann uns die gar nicht zu überschätzende Bedeutung der Durchgängigkeit des Körpers mit ausnahmslos allen seinen Geweben für alle seine energetischen Säfte und Kräfte im Dienst der Gesundheit vielleicht eher bewußt werden. Besteht doch der Körper zu rund 90 % aus Wasser! Wir kennen alle das erregende Fließen von Gefühlen wie Freude, freudiger Überraschung, auch von Zorn oder Wut ebenso wie das Gegenteil, etwa Trauer, Niedergeschlagenheit oder Depression, wo der Körper vergleichsweise leblos, oft wie gelähmt wirkt.

Der frei schwingende Atem ist die Voraussetzung für ein energiegeladenes, durchgeistigtes Leben. Er schwingt immer dann frei, im richtigen Maß und im richtigen Rhythmus, wenn der Mensch ganz ungezwungen, ganz natürlich der ist und der sein darf, der er nun einmal ist. Bei richtig ausgeführten eutonischen[5] (oder, was im Kern dasselbe ist, bioenergetischen) Übungen läßt sich das so wunderschön beobachten. Der Atem fließt ganz ruhig und rhythmisch dahin. Es ist eine Freude, das am Heben und Senken der Bauchdecke zu beobachten. Der Mensch ist im Spannungsausgleich. Die beiden Pole der Lebenskraft, der Energie, schwingen im rhythmischen Wechsel ihrer Gesetzlichkeit von der Spannung zur Lösung, von der Lösung zur Spannung. Dann, und nur dann, ist die Lebenskraft in ihrem Optimum gehalten und jederzeit verfügbar.

Dieser Mensch, der sich *in der Kraft seiner positiven Schwingungen* befindet, baut auch gleichsam einen Schutzmantel, einen Schutzwall um sich auf, der alle möglichen negativen Schwingungseinflüsse abwehrt. Der ist auch immun gegen Krankheiten und ihre Erreger, wie das die altchinesische Ärzteschaft seit Tausenden von Jahren wußte. Folgerichtig vertreten russische Medizin-Experten auf diesem Gebiet die Ansicht, daß viele Krankheiten mit der Störung der Bioplasma- oder (wie wir sagen) der Energieversorgung beginnen. Ihr Anliegen ist es, mit dem frühzeitigen Erkennen dieser Versorgungsstörungen die herankommende Krankheit schon zu bemerken, noch bevor sie äußerlich sichtbar mit ihren typischen Symptomen ausgebrochen ist. Sie erstreben damit nichts anders als das, worum sich die traditionelle chinesische Medizin jahrtausendelang mit nicht geringem Erfolg bemühte.

Wenn wir es vom dynamischen Standpunkt aus betrachten, dann sind alle die vielfältigen Funktionsabläufe, die wir in der Summe als *Leben* bezeichnen, *nichts anderes als energetische Abläufe*. Sie sind das Lebenselixier unserer Existenz schlechthin. Jetzt klärt sich vieles, was sonst schwer verständlich bleibt. Der Mensch kann als Leib-Seele-Einheit nur dann in seiner Ordnung sein, wenn seine Lebensenergie frei in ihm fließen kann. In einem Satz: *Gesundheit ist freies Fließen und Schwingen der Energie*. Das muß für Seele–Geist ebenso wie für den Körper gelten. Ob wir diese Lebensenergie nun Ur- oder kosmische oder (mit Wilhelm Reich) Orgonenergie nennen oder (mit den Indern) Prana oder von der seelisch-geistigen Seite her schlicht als Geist im weiteren und tiefen Sinn bezeichnen, ist ohne jeden Belang.

Daraus ergibt sich zwingend der Umkehrschluß: Wenn die Energie in ihrem freien Fließen und Schwingen behindert ist, dann ist der Mensch krank. Vielfach zeigen ihm das die Schmerzen an. Jeder Mensch hat Angst davor. *Was sind Schmerzen?* »Schmerz ist der Schrei des Gewebes nach Energiedurchflutung«, sagt der bekannte Arzt Dr. Voll, der Begründer der Elektroakupunktur. Ein großartiges Wort von Lehrsatzcharakter! Anders ausgedrückt: Schmerz ist Spannung, die entsteht, wenn die einem Impuls innewohnende Kraft blockiert wird. Wer es lernt, sich dem Schmerz hinzugeben, mit anderen Worten: sein ICH nicht gegen den Schmerz zu stemmen, sondern es zu »lassen«, wird rasch die Erfahrung machen, daß sich mit der Auflösung der Spannung, der Verhärtung auch der Schmerz ganz oder zumindest in beachtlichem Maß auflöst. Das kann jedermann bei Yogaübungen erleben. Eine wunderschöne Definition von Yoga: »Yoga ist das unendliche Sichversenken in die Lösung der Dehnungsspannung.« Dieser Satz klingt anfänglich kompliziert; wenn man ihn durchdenkt, besagt er nichts anderes als den eben ausgeführten Gedanken: Die Energie kann wieder frei schwingen, der Schmerz schwindet.

Jede Zelle des Körpers hat, solange sie lebt, ihre lebendige Seele in sich, sie *hat eine Art Bewußtsein*. Jede Zelle kann als eine Welt für sich betrachtet werden, als ein kleines Universum, als eine Bewußtseinseinheit für sich. Im Zellgefüge und besonders im Zellkern vollzieht sich ein ständiger Informations- und Energieaustausch zwischen allen molekularen Verbindungen, und zwar auf – mangels eines besonderen Wortes dafür – elektrischem, also energetischem Weg. Die Zelle registriert jede Belastung des Organismus. Und gleichzeitig ist jede einzelne doch eng verbunden mit allen anderen Zellen des Körpers. Und alle miteinander sind als Träger des körperlichen Lebens nur eine Art Niederschlag des unkörperlichen Geistes.

Mit großer Wahrscheinlichkeit ist es so, daß die Zelle aus der Umwelt kommende ungünstige, *krankmachende bioenergetische Einflüsse speichert*. Und dies so lange, bis »das Maß voll ist«: bis die gesunde, lebenerhaltende Schwingung von der bioenergetischen Eigenschwingung der Krankheitserreger übertönt, überschwemmt wird. Dann bricht die Krankheit aus, sie wird auch äußerlich sichtbar. Diese energetische Betrachtung erklärt auf einfache Weise die krankmachende Wirkung von Streß und von sonstigen psychischen Belastungen, die dann der auslösende Faktor zum Beispiel auch für Krebs werden können.

Körperliche *Krankheit* läßt sich also ebenso wie seelische Gestörtheit zurückführen auf eine *Hemmung im Energiefluß*, auf eine Störung der Durchlässigkeit für die lebensnotwendig fließende Lebenskraft. Ausnahmslos liegt chronische Muskelverspannung bis -verkrampfung vor, eine ausgeprägte Verhärtung, steifes Auftreten, ein Mangel an Lebendigkeit und selbstverständlicher Anpassung an die jeweilige Situation, eine körperliche und seelische Hemmung, Sperre, Blockade. Einmal steht mehr die körperliche und ein anderes Mal mehr die seelische Seite im Vordergrund. Jeglicher Mangel an spontaner Reaktion, jegliche Steifheit zeigt an, daß die Energie nicht ungehindert aus ihren seelisch-geistigen Steuerungszentren in die Muskulatur des Körpers fließen kann. Die Muskulatur zieht sich zusammen und bleibt in diesem Zustand – mit allen Folgen des Schmerzes und der Erkrankung.

Wenn der Energiefluß zu den verschiedenen Körperteilen behindert ist, treten Symptome auf, die von heftigem Kopfschmerz und Menstruationsstörungen bis zur gesteigerten Aufnahmefähigkeit für Erreger aller Art reichen. Gestörter Energiefluß im Nervensystem und im Organismus überhaupt kann jegliches Organ des Körpers beeinflussen, wo es sich auch befindet, selbstredend hin bis zu gestörter, behinderter geistiger Tätigkeit. Ein schönes *Beispiel für die Abhilfe* bieten die heute so häufigen Kopfschmerzen. Wer es gelernt hat, sich beim Auftreten von Kopfschmerzen in die Füße hinein zu konzentrieren (was durch einfache eutonische Übungen geschehen kann), leitet die im Schmerz enthaltene Spannung durch den bewußtseinsgelenkten Energiestrom aus dem Kopf heraus. Er wird rasch eine starke Erleichterung, wenn nicht völlige Befreiung vom Kopfschmerz erleben. Das zeigt, wie man den Energiestrom mit seinen Schwingungen vom Geist her lenken und steuern kann.

Ganz bezeichnend sind die Vorgänge, die sich mit der *Angst oder Furcht* verbinden. Haben Sie sich schon als Autofahrer beobachtet, wenn Sie in eine irgendwie bedrohliche Verkehrssituation geraten? Wie Sie sofort mit angespannten Muskeln im Bauch, in den Armen, in den Beinen, oft mit insgesamt versteifter Muskulatur dasitzen! Sogleich ist der natürliche Energiefluß gestört. Wer untergründig vor etwas, das er bewußt nicht wahrhaben will, also vor sich selbst leugnet, Angst hat, kann seinen Energiefluß im Extrem bis zur völligen Bewegungsunfähigkeit lähmen. Dann ist er sprichwörtlich »starr vor Angst«. Bei der unbewußten Redeangst des ungeübten Redners kann das zur absoluten »Mattscheibe«, dem totalen »Blackout«, dem völligen Stillstand jeder Verstandestätigkeit führen. Die Gehirnleere mancher Examenskandidaten ist ebenfalls nichts anderes als dieser Prozeß. Die Beziehung zur Umwelt ist radikal unterbrochen.

Immer wenn uns irgendwelche Gefühle bedrohlich erscheinen, sind wir sofort geneigt, sie zu unterdrücken. Die Verspannung, mit der das einhergeht, einhergehen *muß*, schwächt die freie Energieschwingung in Körper und Geist. Verhärtung und Verlust an geistiger Potenz sind unvermeidlich. Hohe geistige Potenz setzt nun einmal freies Schwingen und Strömen der Lebensenergie voraus. Das zeigt sich sehr schön auch an der inneren Befreiung, wenn einer, der hinreichend lang seine Gefühle unterdrückt und etwas in sich »hineingefressen« hat, endlich einmal »explodiert« und damit seine selbstauferlegte Versteifung und Blockade erfolgreich zur Seite gefegt hat.

Der bekannte Professor für medizinische Psychologie und Psychotherapie Frhr. von Gebsattel hat die mangelnde Hingabefähigkeit, *die Verhaftung in der Ichheit als das wesentliche Kennzeichen der Neurose* bezeichnet.[6] Sein Kollege Herzog sagt so treffend: »Der neurotische Mensch krankt daran, daß er die Verwandlung scheut wie den Tod.«[7] Immer haben wir die Verhärtung im ICH, die innere Erstarrung, die die weitere Entwicklung verhindert, die fehlende Durchgängigkeit für das freie Fließen der Lebensenergie als das entscheidende Moment vor uns, das sich uns an der Oberfläche des Geschehens nur nicht darbietet. Schon der berühmte Neurologe Viktor von Weizsäkker, der Begründer einer allgemeinen anthropologischen Medizin, die das Symptom der Krankheit als Ausdruck des menschlichen Wesens versteht, betonte, daß sich schwere körperliche Krankheit und Neurose weitgehend ausschließen.[8] Und Kolle weist darauf hin, daß angesichts des Todes jede Neurose aufhört.[9] Und warum? Bei schwerer körperlicher Krankheit oder angesichts des Todes erfaßt das ICH seine ganze Kleinheit vor dem Großen. Die enggezogenen Schwingungen des kleinen ICH gehen gleichsam unter in den weiten Schwingungen des großen Geschehens. Die Lebensenergie im großen kann wieder ungehindert fließen und schwingen: Das ICH wird aus seiner krankhaft aufgeblasenen Position abgebaut. Daher werden die psychologischen Fakten wieder richtig verarbeitet – und die Neurose löst sich auf!

Für das Wiederherstellen der seelischen Gesundheit (und das als Basis auch für die körperliche) ist es absolut *nicht nötig zu wissen*, also bewußt zu erkennen, *warum man die eine oder andere Schwierigkeit hat*, die einen vielleicht durch ständige Angst quält. Die Angst fühlen wir, wenn wir darauf achten, in der Beengung von Atmung und Kreislauf. Machen wir Atmung und Kreislauf wieder frei – und die Angst wird schwinden! Körper und Seele–Geist beeinflussen sich wechselweise: Da gibt es keine Einbahnstraße. Es muß nur immer der ganze Mensch beteiligt sein! Ist es nicht, wenn wir es genau bedenken, nur ein Stück Arroganz unseres Intellekts, alles genau »wissen« zu wollen? Seelische Konflikte haben sich ebenso wie körperliche Krankheiten in uns entwickelt, ohne daß wir es merkten und »wußten«. Öffnen wir die Beengung und Blockade in uns, indem wir für das freie Fließen und Strömen der Lebensenergie sorgen, und die Konflikte wie die Krankheiten werden ebenso Schritt für Schritt abgebaut (indem ihnen die Basis entzogen wird), wie sie sich zuvor aufgebaut hatten.

Welch großen Einfluß seelische Faktoren auf die körperliche Gesundheit haben, wird heute auch in der westlichen Welt mehr und mehr gesehen. Im ersten Kapitel dieses Buches wurde schon nachdrücklich darauf hingewiesen. Eine Erfahrung vieler Therapeuten: Auch *sexuelle Schwierigkeiten* beider Geschlechter beheben sich von allein auf die wirksamste Art, wenn der Betroffene seine Persönlichkeitsprobleme in dem Sinn angeht, daß sich seine Spannung zu lösen beginnt, daß sein in der Spannung aufgebauschtes ICH zu »lassen« lernt. Dann werden keine Gefühlskräfte mehr unterdrückt wie zuvor, da sie bedrohlich erschienen: Die falsche Spannung, die in der beklemmenden Angst liegt – beklemmend seelisch und körperlich –, baut sich ab. Die belebten, geschlechtlich erregten Lebensgeister mit ihrer Energie werden frei – in Seele–Geist und im Körper. Und alles nimmt seinen ungestörten natürlichen Verlauf: Der zuvor Gestörte kann sich ohne Vorbehalt dem geliebten Menschen ganz einfach hingeben.

Ganz ähnlich liegen die Dinge beim heute vielzitierten *Streß*, also dem Gefühl der Überlastung. Streß bindet Energie, vermindert oder verhindert ihr natürliches Schwingen, daher die Entspannungsschwierigkeiten. Gelingt es zum Beispiel durch eutonische Übungen, die Verspannungen im körperlichen Muskel dadurch zu lösen, daß die Energie wieder freier fließen kann, wird auch die seelische Belastung rasch leichter erträglich. Die vorher blockierte Energie steht jetzt für die Bewältigung der Schwierigkeiten erneut zur Verfügung.

Übrigens *läßt sich der Verlust an freiem Schwingen der Energie* für das halbwegs geübte Ohr *deutlich hören*. Beim Atemstrom des Sprechenden bewirkt der Mangel an Vibration einen deutlich wahrnehmbaren Verlust an Resonanz in der Stimme. Der einseitig willensgesteuerte Mensch, der seine Kräfte ständig bewußt zusammenrafft, hat die verpreßte Stimme, die man zum Beispiel bei gewissen Berufsoffizieren des alten Stils, auch bei gewissen Politikern und Managern verhältnismäßig oft findet. Diese Personen haben ihr Gefühlsleben in jahre- und jahrzehntelanger Selbstforcierung ständig vergewaltigt.[10] Wo immer wir hinblicken: Der Körper ist doch nur Ausdruck von Seele–Geist!

Die Grundlage unseres begrifflichen Denkens sind *die Worte unserer Sprache als die Denkbegriffe*, von denen unser Intellekt abhängt. Sie *bilden spezifische Schwingungsfrequenzen*, die sich aus ihren besonderen Vokalen und Konsonanten heraus formen. Nehmen Sie als Beispiel nur den Gegensatz zwischen i und u. Der helle Vokal i hat vergleichsweise kurze Schwingungen, die Sie deutlich in Ihrem Kopf vibrieren fühlen, während der dunkle Vokal u relativ lange Schwingungen aufweist, die sich deutlich im Bauchraum, genauer im Beckenboden, äußern. Wenn Sie diese Vokale einmal nur wenige Atemzüge lang im Dauerton laut vor sich hinsprechen, werden Sie es sofort verspüren. Diese besonderen Schwingungsfrequenzen haben selbstverständlich ihre speziellen Auswirkungen auf den ganzen Körper und auf die innere Einstellung von Seele–Geist. Das i wirkt belebend bis erregend auf Kopf und Intellekt, das u dämpfend, beruhigend, stabilisierend auf die Gefühlslage, auf das Gemüt, im negativen Sinn in Richtung dumpf und stumpf. Seit Leser-Lasario, dem in Fachkreisen berühmten Atemtherapeuten, wird das in unserer westlichen Welt auch gezielt zu Heilzwecken eingesetzt. Die altindische Mantramtechnik hat von da her ihren tiefen Sinn, sofern der richtige Meister als erfahrener Menschenkenner seinem ihm genau bekannten Schüler ein ganz bestimmtes Mantram auswählt und ihm zum Üben gibt. Sie hat natürlich keinerlei Sinn oder sie kann sogar zum Gegenteil des Gewünschten führen, wenn ein selbsternannter westlicher Guru Mantrams nach schematischen Gesichtspunkten »verordnet«, wie das leider gelegentlich zu beobachten ist.

Die geistigen Kräfte schlafen nie. Sie sind immer für uns tätig, wenn wir sie entsprechend bitten und lenken. (Manche, die aus Scheu das eigentlich treffende Wort »geistige Kraft« vermeiden, sprechen lieber vom Unterbewußtsein. Das ist in diesem Zusammenhang nichts anderes.) Ein großartiges Beispiel gibt uns die Kraft des Geistes, während wir schlafen. Denken Sie kurz vor dem Einschlafen an ein Problem, mit dem Sie nicht zurechtkommen, und Sie werden bald in einer plötzlichen Eingebung, zumeist in ruhiger Stunde, den richtigen Hinweis bekommen. Wenn Sie geübt sind, vielleicht schon in derselben Nacht oder morgens gleich nach dem Erwachen. Denken Sie: »Alles ist gut«, und akzeptieren Sie innerlich auch das, was Ihnen im Augenblick wenig gut scheint, und Sie schlafen in positiven Energieschwingungen ein, die die ganze Nacht über in Ihnen arbeiten. Es wird auf Dauer nicht ohne Wirkung bleiben.

Vergessen Sie nie: *Ihre gewohnheitsmäßigen Gefühle tragen schon Ihre Zukunft in sich!* Erwarten Sie aus absolut positiver Lebenseinstellung heraus immer nur Gutes – und Sie ziehen das Gute auf sich. Wenn Sie Schlechtes erwarten, ziehen Ihre Schwingungen das Schlechte an. Was der Mensch denkt, das wird er. Erinnern Sie sich bitte: »Jeder Gedanke ist eine Kraft!« – »Was die Seele liebt, dem wird sie gleich.« (Augustinus)

Wie sich das alles auf unser Wohlbefinden, unsere Ausgeglichenheit und damit auf unsere Gesundheit auswirken muß, liegt auf der Hand. Wie wir gesehen haben, sind Gesundheit und Krankheit nichts anders als ein *ständig sich fortentwikkelnder energetischer Prozeß*. Wir können ihn mit der Kraft unseres Geistes, unseres Bewußtseins *in viel höherem Maß steuern*, als man zunächst meinen möchte. Beim Menschen im Spannungsausgleich, der mit sich selbst im reinen ist, sind Gedanken und Vorstellungen eins. Die darin liegende Kraft kann nahezu Unglaubliches bewirken. Das deshalb, weil sie die Energie in totaler Sammlung und Konzentration zu steuern in der Lage ist. Das ist das ganze Geheimnis. Denn wir können, wie wir gleich sehen werden, uns dabei nicht nur unserer bescheidenen eigenen Kraft bedienen. Sondern wir können die unendlichen Energiekräfte, von denen wir Menschen nur einen winzigen Anteil haben, zu Hilfe rufen. Im übrigen wird auf die Einzelheiten im vierten Teil dieses Buches (Heilungstechnik) noch zurückzukommen sein.

Nicht die persönliche Kraft des Heilers heilt, sondern die »andere«, die große geistige Kraft

Solange wir uns nur als Einzelwesen, als Individuum unter Hunderttausenden und Millionen von anderen Einzelwesen fühlen, sind wir selbstverständlich auf uns zurückgeworfen. *Wir sind isoliert in unserem einmaligen ICH*. Wie bezeichnend, daß sich so viele Menschen ausgerechnet in der Großstadt unter vielen Tausenden von anderen Menschen einsam, quälend einsam fühlen und ihre kleine und doch so große Ichhaftigkeit als völlig sinnlos empfinden. So sinnlos, daß sie sie im äußersten Fall bedenkenlos im Freitod wegwerfen. Fühlen wir uns aber einem großen Ganzen zugehörig, das wir als über unserem kleinen ICH darüberstehend empfinden, bekommt plötzlich alles einen Sinn: Wir fühlen uns jetzt als Glied des Ganzen. Wir identifizieren uns damit. Unsere menschlichen Beziehungen werden weiter und tiefer. Jetzt erst bekommen wir gleichsam Boden unter die Füße.

Das verwurzelte Zugehörigkeitsgefühl erhebt uns über die Ketten des Egoismus, die unser ICH schmiedet. Das ICH wird eingeordnet, integriert in das Ganze: In ihm sind wir geborgen. So weit, daß wir im äußersten Fall unser ICH dafür zu opfern bereit sind. Die Geschichte der Menschheit beweist es in ihren unzähligen Auseinandersetzungen geistiger und blutiger Art bis hin zum sachlich blind gewordenen Zugehörigkeitsgefühl zu allen demagogisch geschickt aufgestachelten »verschworenen« und fanatisch gewordenen Gemeinschaften.

Nun ist es eine der fundamentalen Tatsachen des Lebens, daß es *eingebettet ist in das große Energiegeschehen der Welt*, in den beständigen Fluß der alles bewegenden Energie: der in unserem Organismus verkörperten ebenso wie der großen kosmischen Kräfte. Dieser Tatsache sind wir uns im allgemeinen nur nicht bewußt, weil wir diese Energie mit unseren Augen nicht sehen und mit unseren Händen nicht greifen können. Wenn wir jedoch anfangen, sie mehr und mehr in unser Bewußtsein aufzunehmen und die unendlich vielfältigen Lebenserscheinungen daraufhin zu beobachten, wenn wir uns also in dieser Richtung üben, dann kann es uns wie Schuppen von den Augen fallen bei der Erkenntnis, wie blind wir zuvor gewesen waren. Das bezieht sich natürlich auch auf die Erkenntnis unseres Standortes in dieser Welt.

Unser kleines ICH ist abhängig von unserer persönlichen Kraft, also von dem vergleichsweise winzigen Maß an Lebensenergie, das uns belebt und erhält. Es ist doch nur Teil, ein ganz kleines Teilchen von der allgewaltigen großen Energie, von der »anderen Kraft«, wie wir sie ganz schlicht nennen können, die alles und jedes, was existiert, schafft, belebt und erhält. Bis hin zu dem für unseren kleinen menschlichen Verstand nicht mehr faßbaren gewaltigen Kosmos mit seinen (heute nachweisbaren) über 20 Millionen Milchstraßen, von denen jede einzelne einige Milliarden von Sternen umfaßt. Wenn wir erkennen, die tiefe Wahrheit erkennen, daß das so ist, daß unser ICH gleichsam nur eine ganz winzige Leihgabe der gewaltigen Urenergie ist, dann wird auf einmal alles ganz anders: Unser Standort verändert sich total. Wir erfassen, daß unsere persönliche Lebenskraft nur scheinbar selbständig als etwas Unabhängiges auftritt. Denn tatsächlich ist und bleibt sie mit der »anderen«, der großen Kraft eng verbunden. Wir »wissen« es nur in dem Sinne nicht, als es uns nicht ständig bewußt ist.

Und wir erkennen die tiefe Wahrheit in der alten chinesisch-japanischen Unterscheidung von *ki* und *ho*. *Ki* ist *die ICH-Kraft*, von der wir auf dieser unserer Seite des Lebens leben und zehren. Es ist die in unserem Körper vorhandene Energie. Demgegenüber ist *ho die große, die göttliche Kraft*, die auf der anderen Seite unseres Lebens, die unseren Sinnen verborgen ist, alles schafft, belebt und steuert, was da überhaupt geschaffen ist. Sie ist überall in der Welt und im Kosmos wirksam. Es ist kurz gesagt »die andere Kraft«, von der die ICH-Kraft nur eine allerwinzigste Abspaltung darstellt.

Aber solange *ki* isoliert, also von *ho* abgetrennt ist, sind wir auch losgelöst von dem, was uns trägt: die große göttliche Kraft. *Ho* muß *ki* umfangen, *ki* muß eingebettet sein in *ho*, wenn der Mensch seiner eigentlichen Bestimmung gerecht werden soll. Jeder Mensch trägt die Buddhanatur in sich, sagt der Buddhist. Und: *Jeder Mensch trägt das Göttliche in sich*, sagt der Christ. Die Buddhanatur, das Göttliche, anders gesagt: der wesensmäßige Anteil des Menschen am Unendlichen, am Geist, der ihn hinaushebt über alle anderen Lebewesen dieser Welt, ist nicht enthalten im isolierten *ki*, sondern immer nur in seinem bescheidenen Anteil am *ho*, der von Anbeginn in jedem *ki* enthalten ist. Das Entscheidende ist nur: Wir müssen uns dessen bewußt sein. Dann – und nur dann – können wir durch die Kraft unseres Geistes und Bewußtseins hineinwachsen in die Verwirklichung der wahren menschlichen Bestimmung, uns in diesem Leben im Sinn des Geistes zu vervollkommnen.

Wir können das auch mit dem ebenso einfachen wie treffenden Bild beschreiben: *Unsere ICH-Kraft ist nur ein Tropfen aus dem Ozean der »anderen« Kraft*, vom Ozean losgelöst, um eines fernen Tages wieder in ihn zurückzukehren. Dann wird der große Ozean den kleinen Tropfen wieder völlig in sich aufnehmen. Es wird nicht der Rest einer Spur von ihm bleiben. Denn: Zwar ist *ki* vergänglich wie unsere hiesige Existenz, *ho* ist unvergänglich. Es war von allem Anfang an und wird bis in alle Zeiten hinein bleiben als das einzig Beständige, wenngleich auch in sich wandelbar, da in ewigem Fluß befindlich. Aber *ki*, der Tropfen Wasser aus dem Ozean, ist seiner Natur nach immer nur ein zwar winzig kleines, aber in seinem Wesen untrennbares Stück, eine Leihgabe von *ho*, dem Ozean. Gäbe es den unermeßlichen Ozean nicht, dann könnte es den noch so kleinen Tropfen als Teil seiner Wasser nicht geben.

Das schließt nicht aus, daß auch die vielen, vielen kleinen Lebensenergien einer Summe von Menschen, also – um im eben gebrauchten Bild zu bleiben – von vielen Millionen Wassertropfen, den Ozean, in den sie einfließen, beeinflussen können. *Das Kollektivdenken* einer noch so großen Gemeinschaft von Menschen *ist ja nur das Ergebnis der Denkungsweise jedes einzelnen* aus dieser Gemeinschaft. Daher kann der Gedanke einer »Kollektivschuld« nicht abgewiesen werden. Nicht umsonst glauben die von der Wiedergeburt überzeugten Menschen und Völker nicht nur an das Karma des einzelnen, sondern sie sind vom Familien-, vom Dorf-, vom Volkskarma mit der darin enthaltenen Verantwortung ebenso überzeugt. Wer die Geschichte daraufhin in ruhiger Kritik zu betrachten weiß, wird vielfältige Beispiele für die Bestätigung dieser kaum abweisbaren Überlegung finden. – Freilich können ICH-isolierte

Personen von intellektualistischer Denkungsart dieses Einge-
bettetsein in eine größere, in die große Ordnung nicht erkennen oder erfühlen. Das ist ja ihre Krankheit. Ändert das etwas
daran? Wie lautet doch der Ausspruch eines großen Zen-Mei-
sters? »Die Sonne ist nicht schuld daran, wenn der Blinde seinen Weg nicht sieht.«

Jetzt kommen wir an die tiefste Wurzel des geistigen Heilens,
an den innersten Kern dessen, worum es in diesem Buch geht.
Unsere menschliche Beschaffenheit als ICH-Wesen bringt es
mit sich, *daß sich jeder von uns als den Mittelpunkt der Welt
empfinden muß*. Denn alles und jedes, was in dieser Welt geschieht, vollzieht sich um uns herum als dem Zentrum allen
Geschehens. Da uns die Welt und das Weltgeschehen durch
unsere an unser Fleisch und Blut gebundenen fünf Sinne vermittelt wird, kann das gar nicht anders sein. So entsteht für uns
der äußere Anschein, daß alle Ereignisse von außerhalb an
unsere davon getrennte Existenz herankämen.

Das ist das große Hindernis für unser direktes Erkennen und
Wissen. Die Menschen, und besonders wir in der westlichen
Welt, erfassen das im allgemeinen nur nicht. Dabei muß uns
jedes tiefere Nachdenken mit zwingender Logik aufzeigen,
daß sich nichts, aber auch gar nichts, außerhalb unseres Bewußtseins ereignen kann, solange wir es nur überhaupt wahr-
nehmen. Alles und jedes, was geschieht, geschieht innerhalb
unseres Bewußtseins, solange es nur für uns in irgendeiner
Weise existent ist. Alle Ereignisse sind für uns also das Produkt
unseres Bewußtseins oder, physiologisch ausgedrückt, der
Impulse, die die entsprechende Nervenenergie in unser Gehirn leiten. Wer könnte daran zweifeln?

Wenn aber ich selbst der Gegenstand meines Bemühens bin
und mein Selbst-Bewußtsein zugleich das Subjekt meines
Bemühens, dann bin ich selbst gleichzeitig Subjekt und Objekt.
Jetzt erkennen wir *die große Täuschung in dieser unserer
dualistischen Existenz*. Denn logischerweise schließen sich
die beiden gegenseitig aus. Wir sind aber so beschaffen und
dem unterworfen, daß wir uns ständig – tagaus, tagein – im
Zwiespalt dieses Dualismus befinden müssen. Wir sind von
klein auf so sehr daran gewöhnt, daß wir ihn normalerweise gar
nicht empfinden und daß wir uns dabei ganz wohl fühlen. Er ist

ja sozusagen die selbstverständliche Grundlage unseres Lebens.

In der letzten Seinsform kann es jedoch keinen Dualismus, da kann es *nur die Einheit geben*: DAS EINE. Was ist das Eine? Es gibt viele Namen und Bezeichnungen dafür. Sie gruppieren sich im wesentlichen um vier Begriffe:

1. Der wohl älteste Begriff, den sowohl die organisierten Konfessionen für sich in Anspruch nehmen wie auch die überkonfessionell religiös gebundenen Menschen, ist *GOTT*. Dieser eine Gott wird von Anbeginn in der vielfältigsten Weise gekennzeichnet oder beschrieben. Um hier nur einige Bezeichnungen aufzuführen, die in Variationen und mannigfachen Verbindungen miteinander hundertfältig wiederkehren: Gottes Grund oder Seelengrund (Meister Eckehart), der Urgrund und die große Tiefe (Jakob Böhme), aller Dinge Wesensgrund und Mittelpunkt (Nikolaus von Kues), die Weltordnung oder das Weltgesetz (Heraklit und die Stoa), der Urgrund, der Weltenschoß oder das Unbegrenzte (Anaximander), die Allkraft oder das tiefste Sein alles Seins (Herder), das Unendliche (Schleiermacher), die Alleinheit (die Unitarier), das Eine, das sich vielfach offenbart (Goethe), der göttliche Weltengrund (Shaftesbury). Kaum jemand, der diesen Gottesbegriff hat, wird sich der Feststellung widersetzen, daß Gott in all den von uns vielgebrauchten Begriffen wie Geist, Seele, Leben, Wahrheit, Liebe als oberstes Prinzip enthalten und daß er der Weg sei, den wir Menschen zu gehen haben.

2. Der zweite zentrale Begriff für das Eine ist der *GEIST*. Nicht in dem engen Sinn des menschlichen Verstandes oder Intellekts, seiner Ratio, sondern in dem weiten Sinn des allumfassenden steuernden Prinzips, das in jedem Menschen und von ihm selbst mehr oder weniger deutlich erkennbar lebendig ist. Es ist ganz ähnlich wie der Unterschied von *ki* und *ho*. Der Geist in uns ist für die indische Mystik Atman, ursprünglich der Atem, dann im weiteren Sinn die Persönlichkeitskraft, das Selbst, d. h. der wahre Kern des Menschen. Letztlich ist Atman eins mit Brahman als dem göttlichen Selbst der Welt. Für Plotin ist der Geist in uns unser Zentrum und Wesensmittelpunkt überhaupt, für Meister Eckehart der Seelengrund, der mit dem Gottesgrund eins ist, für Goethe des Lebens Leben, für Emer-

son die allbeseelende Überseele. Für viele ist er Christus, der Geist des Lebens, die heilende Macht in uns und um uns. Man kann in diesem Sinn auch sagen: Der Geist wird uns kund im kosmisch verankerten Bewußtsein der Gottunmittelbarkeit.

3. Wer alles das weniger religiös-geisteswissenschaftlich, sondern eher von der sich mehr im Materiellen äußernden naturwissenschaftlichen Seite aus sieht, für den ist der Kernbegriff für das Eine die *ENERGIE*: die Ur- oder kosmische Energie, die Vitalenergie, die Vital- oder Lebenskraft, die aus ihr erwachsende Aktivität, die die Welt gestaltet. Das altchinesische TAO in seiner alles umfassenden Weite schloß diesen Begriff bereits deutlich ein. Das indische Prana der Hindus als die alles durchdringende feinstoffliche Lebenssubstanz, als kosmische Lebenskraft Träger und Erhalter des menschlichen Bewußtseins, ist nichts anderes. Es ist das Yogawort für Vitalenergie. Die alten Ägypter sprachen von BA (Seite 50), Hippokrates von der Heilkraft der Natur, Mesmer vom animalischen Magnetismus, Reichenbach von der odischen, der Odkraft, Wilhelm Reich von der Orgon-Energie. Den Begriff des Pneuma, im Griechischen ursprünglich »Hauch« oder »Geist«, kennen wir alle als den Lebensgeist, so wie ihn die Gnostiker als den göttlichen Lebenskeim der Welt verstanden. Die Franzosen sprechen schlicht und so treffend vom Elan vital. Mag bei einem Teil dieser Bezeichnungen zunächst auch mehr die den Körper belebende Vitalenergie (»KA«, Seite 50) gemeint sein, so wird bewußt oder unbewußt doch fast immer der gewaltige Born der Urenergie (»BA«) als dahinterstehend empfunden. Und wie wir heute im Zeichen der Kernphysik zweifelsfrei wissen, sind die Materie unserer Welt und unser eigener Körper nichts anderes als nur der Niederschlag, nur eine andere Erscheinungsform eben dieser ewig fließenden und schwingenden Energie.

4. Als vierter und letzter umfassender Begriff für das Eine ist das *BEWUSSTSEIN* anzuführen. Unser eigentliches Bewußtsein ist eben das, was uns von diesem Einen wissen oder ahnen läßt. Gemeint ist nicht das nur oberflächliche sogenannte »Wachbewußtsein«, besser »Subjektives Bewußtsein« zu nennen, also unser kleines Tagesbewußtsein, sondern das unsere gesamte Persönlichkeit durchdringende Vollbewußt-

sein unseres Selbst.[11] Die Art, wie dieses mein Bewußtsein die Schwingungssignale aus der großen Welt aufnimmt, die unseren äußeren Sinnen verborgen ist, und die Art, wie es mich diese Schwingungssignale wirklich wissen und sie ausdeuten läßt, das macht die Kraft meines Erkennens der wahren Realität aus. So verstanden bin ich mit meinem Bewußtsein eingebettet in das Allgewaltige. Es ist das gleiche wie bei *ki* und *ho*. Das in mir, in meinem kleinen ICH lebendige Miniaturbewußtsein stellt nur ein winziges Stückchen, eine Leihgabe des großen Bewußtseins dar, das von allem und jedem weiß. Und so können wir das Eine oder Gott oder den Geist oder die Urenergie verstehen als den vollkommensten und reinsten, wahrhaftig allumfassenden Bewußtseinszustand schlechthin.[12] Daher können wir auch sagen: Das Bewußtsein ist nichts anderes als die kosmische Energie, die alles beherrscht. So können wir auch diese vierte und letzte Betrachtung schließen mit der Feststellung: Das Bewußtsein ist dasselbe wie der oder das Eine, was durch alles hindurchwirkt, das geschaffen ist. Das viele, viele Namen hat: Die altindische Religion spricht vom höchsten Brahman (Sanskrit: die Kraft, die alle Welten schafft), Christus vom Vater, der im Himmel ist (in der einfachen bilderreichen Sprache für das Hirtenvolk, in dem er wirkte), die Hindus von der großen Mutter, die über allem waltet. Also können wir auch sagen: Das Bewußtsein ist Geist.

Wir können es auch von der Seite aus betrachten, die eine Auswirkung, eine Betätigung, ein Aktivwerden, eine Funktion des Geistes ist. Deshalb aktiviert es den Geist im einzelnen Menschen und darüber hinaus die andere, die große geistige Kraft. Diese seine Fähigkeit, aktiv zu werden, macht es einleuchtend, ja zwingend, daß sein Tätigwerden, seine Konzentration, *seine Wirkungskraft steigen muß mit der Ausbildung der Fühlfähigkeit*, also der Lebendigkeit der Sinne. Je lebendiger diese, um so entwickelter und klarer die Fühlfähigkeit. (Von hier aus ergibt sich wieder die gar nicht zu überschätzende Bedeutung der richtig verstandenen Eutonie als der »Technik« der Verlebendigung!) So ist also auch die Bewußtseinsfunktion unmittelbar verbunden mit der emotionalen Lebendigkeit: der Ansprechbarkeit ebenso wie der Vitalkraft. Diese energetischen Vorgänge im Organismus hängen immer davon ab, über wieviel Energie oder Lebenskraft jemand verfügt und wieweit diese frei und ohne Hemmungen strömen kann.

Es ist bezeichnend, daß *sich diese vier Begriffe für DAS EINE alle miteinander vielfach überschneiden* und daß Betrachtungen über einen von ihnen sofort in die anderen einmünden. In der Tat besagen diese vier Begriffe im wesentlichen das gleiche. Sie sind miteinander austauschbar. Das erkennen wir nur nicht bei unserer üblichen Betrachtungsweise, die an der Oberfläche des Lebens und der Welt klebt. In unserem Zusammenhang ist das wohl Wichtigste die Erkenntnis, daß wir Geist und Energie gleichsetzen können und müssen. Wenn auch Materie auf der einen Seite eine Form der Energie ist und auf der anderen gleichsam Niederschlag von Bewußtsein oder Geist, dann müssen Energie und Geist im Kern dasselbe sein. Beide, Energie und Geist, können sich auch nicht auflösen und »verlorengehen«.

Wer diese Einheit von Energie und Geist und Bewußtsein in DEM EINEN wirklich begriffen hat, es in der Realität seines Lebens begriffen hat, für den ist das geistige Heilen etwas ganz Natürliches, ja Selbstverständliches. Er weiß nämlich, daß nichts auf dieser Welt ein eigenes Selbst hat, daß alles und jedermann nur äußerlich verschiedene Erscheinungsformen DES EINEN sind. Er weiß dann auch, daß er zwar mit seiner eigenen kleinen Lebenskraft, seiner Miniaturenergie zu heilen versuchen kann, daß *in Wahrheit aber doch nur das große, das gewaltige SELBST Heilung bringt*. Ist die Kraft des kosmischen Bewußtseins oder Gottes oder der universellen Energie doch unendlich viel größer als die des menschlichen Geistes! Der menschliche Geist kann diese »andere«, die große Kraft im Grunde nur zu Hilfe rufen, indem er sie demütig und inständig bittet, ihm oder dem zu Heilenden beizustehen.

Andererseits brauchen wir unsere eigene, von Gott gegebene Kraft und müssen sie in größter Sammlung und mit bestem Willen einsetzen. Sonst wird uns die große göttliche Kraft, die alles bewirkt, nicht zu Hilfe eilen. Das alte Sprichwort *»Hilf Dir selbst, so hilft Dir Gott«* hat seinen tiefen Sinn: Wer sich in der rechten Gesinnung und im Sinn der großen Ordnung ernsthaft bemüht, dem stehen die »jenseitigen Kräfte« der großen Ordnung bei. Sie schießen in seine eigenen vergleichsweise so kleinen Bemühungen ein und führen sie durch ihre ungleich größere Stoßkraft zum Erfolg. Beim geistigen Heilen ist das nicht anders.

Wir haben gesehen, daß alles schwingende Energie ist. Der auf geistigem Weg Heilende muß also darauf abzielen, daß die lebenerhaltende und heilende Energie im heilbedürftigen Menschen wieder frei fließen kann. *Das ist der Kernpunkt.* Ob es sich dabei um Selbstheilung oder um die Heilung eines anderen, die Fremdheilung, handelt, ist ohne jeden Belang. Die eigene Energie des Kranken durch die Vereinigung mit der Allenergie zum ungehinderten Schwingen zu bringen, ist das einzig Entscheidende. Gelingt das, dann sorgen die so geweckten inneren Kräfte des Kranken im Sinn des eingangs dieses Buchteils behandelten »natura sanat« mit Hilfe der großen Kraft für die Gesundung.

Es ist im wesentlichen demnach nicht die eigene, die ganz persönliche Kraft des Heilers, die den Heilungsprozeß bewirkt oder beschleunigt, sondern die »andere«, die jenseitige Kraft. Heilende, die das nicht verstanden haben und *immer nur die eigene Lebenskraft auf den Kranken hinüberfließen lassen*, haben damit zuweilen gewissen Erfolg, sehr oft jedoch nur kurzfristigen. Sie bezahlen es aber darüber hinaus mit nachher einsetzender totaler Erschöpfung. Auch der sogenannte Heilmagnetismus gewisser Heiler arbeitet im wesentlichen nur mit der eigenen Kraft. Nicht wenige berichten, wie sie dann in ihren Kräften völlig ausgelaugt niedersinken und oft stundenlang zu keiner nur halbwegs konzentrierten Tätigkeit mehr fähig sind. Der beste persönliche Heilungswille, die lauterste Einstellung und die größte innere Sammlung können sie nicht davor bewahren, ja sie bewirken es erst in vollem Umfang. Das ist der Preis, den sie für die Überschätzung der eigenen Energie bezahlen.

Und, was oft noch schlimmer ist: Der zu Heilende nimmt alle Energieschwingungen des Heilenden auf, auch die nicht erwünschten, die negativen. Zum Beispiel die Folgen des gefährlichen, wenngleich oft unbewußten Machtdenkens. Gewisse »kosmische Heiler« halten sich viel ob ihrer Heilkraft zugute, reden viel von ihrer ach so selbstlosen Hilfe für andere und genießen dabei in Wahrheit vorwiegend ihre gewisse

Macht über diejenigen, die von ihnen abhängig werden. Diesen »Heilern« fehlt eindeutig die rechte Gesinnung.

Wer als Heiler jedoch verstanden hat, daß nicht er mit seiner so beschränkten Kraft, sondern *immer nur die große Lebenskraft*, der Geist, das kosmische Bewußtsein, die Natur, der innere Arzt, Gott, *die Gewalt DES EINEN wirklich heilt*, der erlebt diese Erschöpfung niemals. Der ist nach seinem Heilungsvorgang so frisch wie zuvor. Ja viele Heiler berichten, daß sie durch ihre Heilungsbemühungen im Grunde ständig an innerer Kraft gewinnen. Kein Wunder, wenn wir daran denken, daß der Heilende durch die häufige Aktivierung der jenseitigen großen Kräfte selber doch eigentlich nur immer kraftvoller werden kann. Das gilt für die Selbstheilung mit der wiederholten Aufnahme der »anderen« Kraft genauso wie für die Fremdheilung, bei der man bloß aktive Durchgangsstation dafür ist.

Es gibt auch heute noch eine Reihe von Ärzten, die sich ganz darüber klar sind, daß nicht sie mit ihrer Person und ihrer so bewundernswerten Technik es sind, die Heilung bewirken. Sie wissen, daß sie mit allen ihren großartigen medizinischen Hilfen für Diagnose und Therapie im Grunde genommen doch nur Gehilfen der großen Heilkraft darstellen, wie immer wir sie nennen. Diese Ärzte fühlen sich bewußt oder unbewußt *im Dienst der großen Ordnung*. Für sie ist das »natura sanat« die oberste Gesetzlichkeit, als deren Gehilfen sie sich verstehen. Sie wissen, daß sie ohne die Hilfe »von oben« nichts oder nur wenig vollbringen können. Sie haben – man darf es getrost so nennen – die echte Demut im Herzen, die ihnen rasch das Herz jedes einigermaßen tiefer empfindenden Patienten öffnet. Und deshalb haben gerade diese Ärzte nicht selten unwahrscheinlich erscheinende Heilerfolge. Denn, meist ohne es zu wissen, sind sie geistige Heiler par excellence: Die göttliche Heilkraft, die Kraft des Geistes, strömt durch sie hindurch, hinüber auf den Patienten.

Die große geistige Kraft war von Anbeginn, und sie wird immer sein. Setzen wir im Anfang des Johannes-Evangeliums, wie es der griechische Text mit dem Wort Logos eigentlich nahelegt, statt des so übersetzten Begriffs »das Wort« den Begriff »der Geist«, so besagt es: »Im Anfang war der Geist, und der Geist war bei Gott, und Gott war der Geist. Dieser war im Anfang bei

Gott. Alles ist durch den Geist gemacht, und ohne ihn ist nichts gemacht, was gemacht ist. In ihm war das Leben, und das Leben war das Licht der Menschen. Und das Licht leuchtet in der Finsternis; aber die Finsternis hat es nicht begriffen.«

Wem das besser dünkt, der setze statt des Wortes »Gott« den Begriff »Urenergie« oder »TAO« oder irgendeinen der vielen anderen allumfassenden Begriffe: Was macht es für einen Unterschied? Sind in diesen Worten nicht die am Ende entscheidenden Gedanken, um die es uns hier geht, in einer geradezu großartigen Weise ausgedrückt? Bis hin zum Leuchten des Geistes und seines Lichts in der Finsternis der Menschen, die ihn nicht begreifen?

Wer heilt?

Der geistige Heiler und die Heilungsgabe

»Ein gutes Wort ist dem guten Baume gleich: Seine Wurzeln sind fest, und seine Zweige reichen in den Himmel.«

Koran 14,5

»Das Reich Gottes ist inwendig in Euch.«

Lukas 17,21

»Ein Beispiel habe ich Euch gegeben, daß Ihr tut, wie ich Euch getan habe.«

Johannes 13,15

Die absoluten Voraussetzungen für den geistigen Heiler

Wir haben uns seither mit der Frage »Was heilt?« hinreichend auseinandergesetzt und dabei erkannt, daß das Wesen der Heilungskräfte nicht unsere bescheidene ICH-Kraft ist, sondern daß es die »andere«, die göttliche Kraft, die allumfassende Urenergie sein muß, die uns zu Hilfe eilt und durch uns hindurch wirkt. Ist nun wohl auch jedermann in der Lage, diese göttliche Heilkraft gleichsam vom Himmel herunterzuholen und sie für seine Absicht einzuspannen? Wer sich der winzigen Kleinheit seines ICHS und seiner persönlichen Wirkungskraft bewußt ist, dem muß sofort klar sein, daß er mit dieser allgewaltigen jenseitigen Kraft nicht schalten und walten kann, wie es ihm gerade beliebt. Er wird auf der Stelle verstehen, daß es eine große Gabe ist, wenn sich diese göttliche Kraft ihm eröffnet und ihm zu Hilfe eilt. Auf was es dabei ankommt, um das zu bewirken, um also als Heiler über die ersehnte Heilungsgabe verfügen zu können, das soll jetzt im einzelnen betrachtet werden.

Als erste und wohl wichtigste unabdingbare Voraussetzung für den Heilenden muß auf *die völlige Ichlosigkeit* seines Wollens und seines Tuns verwiesen werden. Nur die durch nichts getrübte Liebe zum Leidenden, das tiefe Mitempfinden mit ihm und der aus der emotionalen Tiefe heraus genährte Wille, ihm zu helfen, lassen die Heilkräfte aufbrechen. Sie haben dann zur Folge, daß die göttliche Kraft durch den Heiler hindurch wirkt. Die Heilungsgabe muß also aus echter Selbstlosigkeit und reiner Liebe eingesetzt werden. Ihre Kraft muß aus innerem Drang und freudig gebracht werden. Und je mehr man dem heilenden Geist für seine Hilfe dankt, um so stärker wachsen einem die Heilkräfte zu in der ganzen Fülle der Unendlichkeit des göttlichen Geistes.

Der geistige Heiler soll *sich so mit dem Leidenden innerlich verbinden*, daß ein und dieselbe Ausstrahlung der göttlichen Heilkraft sozusagen gleichzeitig in den beiden Körpern wirkt. Dieses Höchstmaß an innerer Verbindung wird schon in der berühmt gewordenen Sanskrit-Kurzformel des Vedanta (der ältesten heiligen Schriften der Inder, als Offenbarung bezeichnet, noch aus der Zeit vor der ersten vorchristlichen Jahrtausendwende) und der Upanischaden (der altindischen theologisch-philosophischen Texte ab 800 v. Chr.) »tat twam asi« zum Ausdruck gebracht: »Dieser bist Du selber«, »Das bist Du«. In dieser Formel steckt schon die tiefe Überzeugung von der absoluten geistigen Einheit des Universums; die tiefe Überzeugung, daß alle Einzelseelen wesensverwandt sind mit dem Weltengeist.

Als weitere Voraussetzung für das erfolgreiche Wirken des geistigen Heilers sei nochmals erinnert an die Ausführungen im vorhergehenden Kapitel, wonach nicht die so beschränkte persönliche Kraft des heilenden Menschen es ist, die wirkliche Heilung bringt, sondern die »andere«, die große geistige oder göttliche Kraft. Davon sollte der Heiler durchdrungen sein. Dann weiß er, daß er lediglich sozusagen steuernde Durchgangsstation für die gewaltige Urenergie sein kann. Deshalb muß er in gebührender Demut und zugleich mit aller Sammlung seiner eigenen bescheidenen Kraft *um die Hilfe der jenseitigen Kraft bitten*. Kein Geringerer als Jesus betont wiederholt, daß nicht *er* die Werke der Heilungswunder tut, zum Beispiel: »Die Worte, die ich zu Euch rede, sage ich nicht aus mir selbst, und die Werke vollbringt der Vater, der in mir wohnt.« (Joh. 14,10)

Und damit der Heilende die große geistige Heilkraft aufnehmen, bei Selbstheilung in seinem eigenen Körper überallhin verströmen lassen, bei Fremdheilung durch den eigenen Körper hindurch auf den erkrankten Menschen weiterleiten kann, *muß er dafür durchlässig sein*. Er darf weder in Seele—Geist noch in seinem Körper blockiert sein für den heilenden Strom, den es in das Kraftfeld des erkrankten Organs bzw. in das Wesenskraftfeld der innerlich ungeordneten Person hineinzulenken gilt. Die heilende Energie muß also ungehindert und frei in ihm bzw. durch ihn hindurch fließen können, wie das schon im vorletzten Kapitel »Gesundheit und Krankheit als energetischer Prozeß« betont wurde.

Sonstige Kennzeichen der Persönlichkeit des geistigen Heilers

Der Heiler muß sich *in der Gelassenheit des Spannungsausgleichs* befinden, also harmonisch, stabil, in seiner Persönlichkeit im Gleichgewicht, im Lot sein. Nur dann steht ihm die Wirkungskraft seiner vitalen Energie zum freien Einsatz voll zur Verfügung. Nur dann kann sie in ihrem freien Schwingen und Strömen voll zum Einsatz kommen, sowohl in der Ausstrahlung auf den Kranken als auch in der Bitte an die göttliche Kraft, ihm zu Hilfe zu eilen. Nur wenn er sich der Heilung, der Wendung zum Guten innerlich ganz gewiß ist, kann sich die volle Durchschlagskraft der heilenden Energie entwickeln. Aber jede innere Spannung im Sinn der Überspannung, der Verkrampfung der Kraft, der unechten Forcierung der Persönlichkeit muß dieses freie Strömen und Ausstrahlen seiner Kraft behindern.

Schon der Begriff der im Gleichgewicht befindlichen Persönlichkeit, die mit sich selbst im reinen ist, verlangt *ein Mindestmaß an sittlicher und geistiger Reife*. Sie läßt sich weder durch Askese noch durch irgendwelche und noch so viele esoterische Übungen herbeizaubern oder erzwingen, wie manche Menschen glauben.

Keine Bildungsstätte kann die Heilungsgabe verleihen oder irgendein Meister. Ein entsprechend weitentwickelter Mensch kann sie allenfalls erkennen, sich bewußtmachen und ihr zur Entfaltung verhelfen. Sie kann sich letztlich nur aus der gewachsenen Kraft der Persönlichkeit heraus entwickeln, die sich im Lebensalltag als solche erweist. Dann – und nur dann – wird ihr das Geschenk der Heilungsgabe durch den göttlichen Geist zuteil.

Man ist also *zum geistigen Heiler* »berufen«. Es ist keine zu erlernende Tätigkeit in dem Sinn, wie wir so viel zum Nutzen unseres Lebens lernen können. Oft sind es Menschen, die an sich selbst Heilung durch die geistige Kraft erfuhren, häufig in tief ergreifender Weise. Sie werden dann durch das Leiden anderer Menschen gepackt, und der tiefinnere Drang, den Leidenden zu helfen, strömt gleichsam in ihnen auf, zugleich mit der subjektiven Sicherheit und der Erkenntnis, es tun zu können. Wer das erlebt hat und wer die Gabe dazu in sich verspürt, der *weiß von seiner Aufgabe*, es tun zu müssen. Der fühlt unabweislich die Pflicht, die ihn ruft. Er sieht sich als Werkzeug der geistigen, der göttlichen Macht, diese seine Gabe zur Hilfe für seine Mitmenschen, die in Not sind, einzusetzen. Und keine Macht der Welt kann ihn daran hindern. Ganz von selbst wird er dann in der richtigen Weise an der eigenen Vervollkommnung arbeiten, wozu ihm freilich der richtige Lehrer und die richtige Bildungsstätte wertvolle Hilfe geben können.

Dieser echte geistige Heiler zieht auch *keinerlei persönlichen Nutzen oder materiellen Gewinn* aus seiner Fähigkeit. Das wäre ein grober Mißbrauch der geistigen Kraft, die sich ihm versagt, wie gar manches Beispiel zeigt. Das ichhafte Verlangen nach Geld oder Macht läßt den Strom der göttlichen Heilkraft unverzüglich versiegen. »Umsonst habt Ihr empfangen, umsonst sollt Ihr geben!« (Matth. 10,8) Spenden als Dank für den persönlichen Einsatz bei der Heilung werden ausschließlich für selbstlose Zwecke benutzt.

Der echte geistige Heiler *wirkt in Stille und Bescheidenheit*. Er geht wie seine Mitmenschen seiner täglichen Arbeit nach und wirkt unauffällig im stillen, wo sich ihm die Gelegenheit bietet und wo er die Verpflichtung in sich fühlt. Jede Marktschreierei ist ihm verhaßt. Er vermeidet sie peinlich. Je mehr er seine Heilungsgabe aus reiner Liebe einsetzt, um so mehr empfängt er dafür selbst in seinem Innern. Das ist ihm der beste Lohn. Daß ihm dann das für sein äußeres Leben Notwendige von allein zuwächst, dessen ist er sich sicher. – Wer sich aber mit seiner Heilungskraft nach außen hervortun will, vor dem möge man auf der Hut sein. Der zeigt und beweist damit, daß er weit entfernt ist von der inneren Verbindung zu der großen jenseitigen Kraft, die einzig und allein echte Heilung bringen kann.

Ärztliche Hilfe für den erkrankten Menschen wird der gute Geistheiler niemals ablehnen. Denn er weiß zu genau, daß die richtige ärztliche Hilfe für den in Unordnung geratenen Körper lebensnotwendig ist, soll er wieder in Ordnung gebracht werden. Seine, des Geistheilers, Aufgabe kann, wie schon früher dargelegt, nur sein, den in jedem Menschen lebendigen inneren Arzt im Sinne des »natura sanat« zu wecken und zu kräftigen, damit die ärztliche Bemühung den gewünschten Erfolg bringen kann. Natürlich sollte dann auch erwartet werden, daß der Arzt die geistige Hilfe nicht ablehnt, sondern entsprechend unterstützt (vergleiche dazu S. 39 und S. 76).

Grundsätzlich sind in jedem Menschen die Fähigkeit und die Kraft zur Selbstheilung und zur Heilung anderer latent vorhanden. Es hängt nur vom einzelnen selber ab, ob er hinreichend an seiner inneren Entwicklung arbeitet, um die erforderliche Reife und Vervollkommnung zu erreichen: den aus reiner Liebe wachsenden Helferwillen, die Durchlässigkeit für die »andere« Kraft und alles das, was soeben besprochen wurde. Das steht fest: Die Heilkräfte schlummern prinzipiell in jedem Menschen. Das Werkzeug, die Heilungshilfe der göttlichen Geisteskraft zu rufen, liegt in jedem bereit. Denn ausnahmslos jeder Mensch trägt die Buddhanatur, trägt den Kern des göttlichen Wesens in sich. Es liegt an nichts anderem als nur an ihm selbst, es in sich zu wecken und ihm gleichsam den Weg freizumachen, sich in vollem Umfang zu entfalten.

Besondere Hindernisse in der Person des Heilers

In diesem Zusammenhang muß der Frage nachgegangen werden, was dieser Entfaltung der jenseitigen Heilkraft im Wege steht. Wegen der ganz praktischen Bedeutung dieser Frage sollen jetzt diese üblichen Hindernisse knapp und übersichtlich aufgeführt werden, die alle in der Person des möglichen Heilers begründet liegen. Es wird sich rasch zeigen, welch große Arbeit an sich selbst viele Menschen noch zu leisten haben, um eben die Vervollkommnung zu erreichen, welche nun einmal die unabdingbare Voraussetzung für das Freisetzen der Heilungskräfte ist.

Der Kern des Übels ist die Ichhaftigkeit. Wie könnte das nach den soeben dargelegten Gedanken auch anders sein? Die Ichhaftigkeit äußert sich in jeglicher Eigensucht und Herrschsucht, im unduldsamen, rechthaberischen Verhalten zum Mitmenschen, in egoistischer Aggressivität. Wer immer an die eigene Person, die eigene Stellung, die eigene Krankheit denkt, wem es am Willen fehlt, sich über das eigene ICH zu stellen und sich einem höheren Willen einzuordnen, wie könnte der je die notwendige liebevolle Hinwendung zum Nächsten aufbringen? Wie könnte der sich der »anderen«, der großen Kraft öffnen? Diese Ichhaftigkeit läßt sich im besonderen von vier verschiedenen Aspekten her anleuchten. Sie sind uns allen von der Haltung nicht weniger Menschen und mindestens auch zuweilen von unserer eigenen her wohlvertraut.

1. An erster Stelle ist *das allgemein negative Denken* zu betonen. Wie viele Menschen wollen gesund werden! Aber Sie denken überhaupt nicht daran, daß ihre negative Denkweise das geradezu verhindert, geschweige denn, daß sie davon lassen sollten. Die ICH-bedingte schlechte Laune, Reizbarkeit und Mißmut bringen das ebenso zum Ausdruck wie die falsche Genußsucht, Mißgunst und Neid, Undank oder gar Haß. Je mehr sich einer in falscher Weise dem mißtrauischen Glauben ergibt, ein Organ sei ernsthaft krank oder zu schwach, um so weniger kann die Heilkraft in ihm aufkommen und damit eine gestörte körperliche Funktion im harmonisch-gesunden Sinn wiederherstellen. So muß sich der Mensch verhärten: Der heilende Strom der Lebensenergie, der göttlichen Kraft kann nie fließen. Er staut sich und stockt in sich selbst. Hier kommt alles darauf an, zuerst die Gründe für diese negative Einstellung und die Zusammenhänge darum zur Erkenntnis zu bringen, wenn das möglich ist, und die stockenden Kräfte Schritt für Schritt durch die richtige Arbeit an der Persönlichkeit zu lösen.

2. Manche Menschen sind Meister in *sinnloser Selbstquälerei*, zum Beispiel:

– Selbstanklägerisch an der Vergangenheit zu hängen, in einem alten Fehler, in früheren Mißhelligkeiten mit ständigen Vorwürfen gegen sich selbst, gegen Eltern, Kinder, Geschwister usw.

– Das falsche Gefühl der Sündigkeit zu nähren, wie es falsche religiöse Erziehung nicht selten bewirkt. Die Mitmenschen und Gott vergeben vergangene Sünden, sofern es überhaupt ernsthafte Sünden waren!

– An erlittenem Unrecht zu kleben, immer und immer wieder darüber zu brüten, statt den Übeltätern von gestern zu verzeihen und so durch positives Denken innerlich wieder frei zu werden. Wie viele wollen zwar, daß andere ihnen vergeben, ohne bereit zu sein, auch ihrerseits ihren Schuldigern zu vergeben!

– Dem Glauben an die Allmacht des Bösen oder gar des Teufels anzuhängen, geleitet wiederum oft nur durch falsche religiöse Erziehung, die im wesentlichen von der Drohung her bestimmt ist. Sie erkennen nicht, daß das sogenannte Böse im Grunde nichts anderes ist als das fehlende Wissen von der Allgegenwart der zunächst immer nur positiven Energie- oder göttlichen Kräfte: Erfüllt sein vom Guten heißt gefeit sein gegen das »Nicht-Gute«.

– Die Meinung zu pflegen, Krankheit und Leid seien als karmische Belastung ein für allemal schicksalhaft fixiert, und dagegen könne man nichts, aber auch gar nichts tun. Diese Menschen vergessen, daß sich auch die karmische Belastung durch gute Taten erschöpft, daß die göttliche Heilungskraft immer stärker ist als die Last der Vergangenheit.

3. Im Kern egozentrische Menschen verlieren sich gern in *das falsche Märtyrertum*. »Ich armer, vom Schicksal verfolgter Mensch«, »Alles auf der Welt verschwört sich gegen mich«, »Natürlich immer ICH!« Es ist eine Art seelischer Masochismus, der dem Negativen, bei aktiver Wesensart oft sogar dem Bösen frönt. Denn jedem, dem es tatsächlich oder vermeintlich bessergeht, kann man nur mit Neid und Mißgunst begegnen; er ist eine Art Feind. Die Wurzel dieses Übels ist nichts anderes als das ganz einseitig hochgespielte Ego.

4. Eine besondere Perversionsform der Aktivität ist das *ständige spannungsgeladene Ankämpfen gegen die Umwelt*. Die überzogene ICH-Haltung bewirkt einen eigenen Maßstab für die Gerechtigkeit, der die Schlagseite des Egoismus hat. Alle Leute oder Umstände, die einem mißfallen, nehmen feindlichen Charakter an, ob es sich um private, berufliche oder ge-

sellschaftliche Zusammenhänge handelt. Zuweilen ist fast alles in der Umwelt betroffen, weil ja »alles gegen mich ist«. Die seelische Dauerspannung bewirkt einen gleichsam ständigen Überdruck, weshalb sich jegliche negative Einflüsse unaufhörlich verstärken und verhärten. Sie führen dann zwangsläufig zum völligen Abgeschlossensein der positiven und heilenden Kräfte.

Von der allgemeinen Ichhaftigkeit läßt sich eine zweite große Gruppe von Heilungshindernissen absondern, die sich im besonderen um den *Mangel an Vertrauen und Gelassenheit* gruppieren. Es fehlt hier am Spannungsausgleich. Diese Menschen sind nicht in ihrer Mitte, sind mit sich selbst nicht im reinen, sind im Zwiespalt von gegeneinander wirkenden Antriebskräften oder Motiven. Auch hier schälen sich deutlich einige charakteristische Erscheinungsformen heraus.

1. *Das destruktive Grübeln und Zweifeln* verhindert durch die ständige innere Zerrissenheit jegliches Einswerden und damit auch in einem Höchstmaß jeglichen Heilungsprozeß. Schließlich muß jeder Zweifel an der jenseitigen, der göttlichen Hilfe diese mit Sicherheit ausschließen.

2. *Die Angst* als lähmendes Gefühl von verkrampfendem Charakter führt bekanntermaßen unweigerlich zur Gefäßverengung mit allen ihren möglichen Folgen bis zu Embolie, Thrombose und Herzinfarkt. Furchtlosigkeit macht dagegen – wie wir schon gesehen haben – immun und sorgt für einen ungestörten Kreislauf. Wer viele Male am Tag Stärke, Kraft und Gesundheit in sich fühlt, gibt ebensooft den Abermillionen seiner Körperzellen Kraft- und Heilungsimpulse. Der weithin bekannt gewordene französische Apotheker Coué heilte damit vor rund 100 Jahren viele als schon unheilbar beurteilte Schwerkranke.

3. *Die Unfähigkeit zu glauben*, auch schon der Zweifel im Glauben, muß ebenfalls die negative Tendenz in der Entwicklung der inneren Kräfte stärken und die Heilkräfte unwirksam machen. Wer bei aller momentanen körperlichen Schwäche nicht an die lebendige Kraft seiner göttlichen Urnatur glauben kann, verwechselt sein Ego mit dem eigentlichen Selbst der Gotteinheit und schließt sich von der vertrauensvollen Hingabe daran aus. Wenn das Vaterunser sagt »Dein Wille geschehe«,

so bedeutet das gewiß nicht das passive, von Kleingläubigkeit geprägte Entgegennehmen jedweden Geschicks, das den von Liebe geprägten Heilungswillen der göttlichen Kraft geradezu ausschließt. Es bedeutet doch nur, daß man sich ihm ebenso demutsvoll wie tief vertrauensvoll anheimgibt. Die innere Grundlage dazu ist absolut positiv. Speziell der religiös gebundene Mensch müßte es doch wie eine wahre Gotteslästerung empfinden, anzunehmen, daß Gott in seiner unendlichen Größe uns etwa nicht helfen *wolle*!

4. *Die Veräußerlichung und der Mangel an Konzentration*, wie sie uns zum Beispiel in der Eindrucksabhängigkeit und leeren Betriebsamkeit entgegentritt, in oberflächlichen Unterhaltungen, bedeuten immer Mangel an innerer Ruhe, fehlende innere Disziplin. Wer sich auch nur für kurze Zeit nicht auf positive Gedanken konzentrieren kann, wie soll sich bei dem die innere Sammlung einstellen, ohne die sich die Heilungskraft doch nie entwickeln kann?

5. *Die Unfähigkeit zu warten* veranlaßt ständiges Fragen: »Wie lange dauert es noch, bis ich geheilt bin?«, »Ich merke noch keine Besserung!« Dieses schnelle Erzwingenwollen der Heilung und das ängstliche Beobachten des Körpers aus dem ichhaften Getriebensein halten die Heilkräfte ganz gewiß fern. Oft setzt den Unerfahrenen und in seinem Glauben noch Unsicheren eine scheinbare Verschlechterung in der anfänglichen Behandlungsphase in Zweifel. In Wahrheit ist das indessen ein deutliches Zeichen, daß es in den betreffenden Körperpartien »arbeitet«: Sehr oft ist es der deutliche Hinweis auf den beginnenden Durchbruch der Heilung. Man muß sich in echtem Vertrauen dem zunächst schmerzhaften Heilungsprozeß hingeben. Dann bleibt der Lohn des Vertrauens in die »andere«, in die große Kraft auch nicht aus, die die durchschlagende Heilung bewirkt.

Abschließend zu diesem wenig erfreulichen Katalog des Negativen ist noch darauf hinzuweisen, daß sich *alle diese soeben aufgeführten Punkte miteinander vermischen* können. Der eine kann den anderen sozusagen ablösen. In der Praxis des Lebens ist das in der Tat in hohem Maß der Fall. Alle diese Momente haben in ihren verschiedenen Erscheinungsformen ja auch die gleiche Quelle der Ichhaftigkeit.

Da gibt es nur eine einzige Hilfe: Das Übel von der Wurzel her anzupacken und sich voll und ganz vom Negativen zum Positiven umzustellen. Das geht freilich nicht ohne die rechte Erkenntnis und ohne harte Arbeit an sich selbst. Weil so viele Menschen aber die rechte Erkenntnis aus ihrem ICH heraus nicht wahrhaben wollen und sie verdrängen und weil die Arbeit an der eigenen Person mit gewisser (ICH-)Entsagung verbunden ist und immer wieder von neuem schmerzhafte Selbsterkenntnis und Selbstdisziplin verlangt, deshalb gehen sie lieber den im Augenblick bequemeren Weg. Er bietet sich immer! Und die große Kraft, die heilende Kraft des Geistes versagt sich ihnen: im Körper ebenso wie in Seele—Geist. Wer jedoch diese Arbeit an sich selbst nicht scheut, der schreitet trotz der vielen und störenden kleinen Rückschritte unaufhaltsam voran. Und dem ist der endgültige Erfolg so gut wie sicher.

Die Geistheilung als ein im Wesen religiöser Prozeß

Nach allem, was seither in diesem Buch dargelegt wurde, darf diese Schlußfolgerung gezogen werden: *Das geistige Heilen ist weit mehr der Tätigkeit des Priesters als der des Arztes verwandt.* (Für letztere fehlt ja auch nahezu jede Voraussetzung, sofern wir die ärztliche Tätigkeit nur im körperlichen Sinn sehen.) Selbstverständlich darf dieser Satz nicht in der Bedeutung eines konfessionell-dogmatisch gebundenen Priestertums verstanden werden, sondern mehr in dem der Mysterienkulte des alten Ägyptens und der alten Griechen. Das Wesentliche dabei ist die re-ligio, die »Wieder-Verbindung« des Kranken mit dem göttlichen Wesen. Genauer: Die »Wieder-Anbindung« seines persönlichen, psychodynamischen, im Kern göttlichen Kraftfelds mit dem grenzenlosen, alles umfassenden und alles schaffenden Urkraftfeld der Gottesallmacht. Es ist nichts anderes als die harmonische Einheit mit dem Unendlichen, das Einssein mit der Urenergie oder dem ganz ursprünglichen Geist Gottes und des Lebens, eng verwandt der unio mystica. Denn es geht – wie wir immer wieder erkennen konnten – weniger um die leidende körperliche Hülle des Menschen als primär um seine ganz bewußte Wieder-Verbindung mit der göttlichen Schöpferkraft, der dann die Heilwirkung auf den Körper nachfolgt.

Das »geistige Werkzeug« des Heilenden ist demgemäß im Grunde *nichts anderes als das Gebet*. Der konfessionell gebundene religiöse Mensch gebraucht das Wort »beten«. Der nicht konfessionell gebundene, der sich den höheren Mächten verpflichtet weiß, »betet« auch auf seine Art, nicht im Sinn seines Glaubensbekenntnisses vorgegeben, sondern ganz aus sich heraus. Und dieses Gebet ist oft viel tiefer und ursprünglicher, weil es so gut wie immer aus der echten Verarbeitung des täglichen Lebens heraus wächst. Es kommt gewiß ganz natürlich-unverfälscht aus der Tiefe der Seele, aus dem tiefverwurzelten Gefühl der Bindung, der Verbindung mit den göttlichen Kräften und Mächten. Das ist der Fall, auch wenn der Betende das Wort »Gott« gar nicht gebrauchen oder als solches in seinem Herzen haben sollte. Geistiges Heilen ohne dieses echte Gebet kann gar nicht zum Erfolg führen.

Jesus hat verschiedentlich und sehr deutlich (zum Beispiel in der Bergpredigt, Matth. 6,5–9) darauf hingewiesen, daß das bloße Lippengebet vor Gott nichts, gar nichts wert ist. *Nur die Gesinnung und das Tun zählen!* Das Tun, das aus der Lauterkeit des Herzens heraus kommt und das im Sinn der göttlichen Kraft und Ordnung zu Ehren der Schöpfergewalt und zum Wohl des Mitmenschen handelt, ist in sich schon Gebet. Es ist ohne jede Eigensucht. Irgendein mehr oder minder mechanisch anmutendes Vor-sich-her-Sagen gewisser Worte oder Sätze kann ganz gewiß kein Gebet dieser Art sein. Das kann nur bei einer durchaus als mystisch zu bezeichnenden Hinwendung und Selbsthingabe an die Macht der großen Ordnung gegeben sein, die über dieser Welt und über allen Welten des Universums steht. Diese Selbsthingabe und Selbstentäußerung mit der intensiven Bitte um Hilfe an die göttliche Kraft ist das Wesentliche.

Das alles läßt sich übrigens in einer tief ergreifenden Weise besonders auch dann erleben, wenn sich die konzentrierte Kraft einer in diesem Sinn *gleichgesinnten lebendigen Gemeinschaft* von Menschen mit der höheren, der großen Kraft vereinigt. Diese »Gebetsgemeinschaft« bewirkt dann das, was der Christ gleichsam als die Ausschüttung des Heiligen Geistes empfindet und was den Nichtchristen (im formalen Sinn) nicht weniger in der Tiefe seines Herzens ergreift.

Nicht wenige Menschen, die nach ihrem klinischen Tod das Austrittserlebnis von Seele–Geist hinter sich gebracht haben und wieder ins Leben zurückgerufen wurden, oder solche, die im richtigen Sinn zu meditieren gewohnt sind, haben als formal-religiös Gebundene oder auch als sogenannte Atheisten die Einsicht in diese Zusammenhänge gewonnen. Sie scheuen sich nicht, das als *die größte Erkenntnis ihres Lebens* zu bezeichnen: das Erfassen des Prinzips der schwingenden, fließenden Energie und das Erfassen »Gottes« als die zeitlose und unerschöpfliche Urenergiequelle allen Seins in vollendeter Harmonie. Und das Erfassen von Geburt und Tod als das Überwechseln von einer Schwingungsfrequenz in die andere und damit von einer Welt in die andere[13].

Den geistigen Heiler können wir als Psychodynamiker, als Geistdynamiker bezeichnen. *Wie die Mystiker sieht er hinter dem mangelhaften äußeren Bild des Leidens die Wirklichkeit des göttlichen Vollkommenseins.* Er betrachtet den Menschen als ein Abbild Gottes, das in seiner Unvollkommenheit im Grunde nur auf die Weckung und Vertiefung der göttlichen Kraft wartet. So ist der geistige Heiler nichts anderes als ein göttliches Werkzeug. Er sieht, ja er realisiert in seinem Innern das ungetrübte Heilsein, die vollständige Gesundheit des Kranken in ihrer Kraft und Fülle. Und dann wird das auch sichtbar an seinem Leib. Es ist das Ergebnis des Erkennens und totalen Bejahens der wahren Wirklichkeit, das sich im Meditativen verwurzelt. Die zunächst nur seelisch-gedankliche Verbindung mit dem Leidenden führt dann im Erleben der *einen* göttlichen Kraft zur Einheit dieser Kraft mit dem Kranken und dem Heiler als Werkzeug der Verbindung, der re-ligio. Das ist in der Tat das letzte, das eigentliche Ziel.

Wer sich diesem Ziel nur nähert, der erhält schon eines der größten Geschenke, die wir Menschen bekommen können: *die Auflösung der Todesfurcht*. Wir werden wahrhaftig von der Angst befreit, daß unsere scheinbar einmalige Existenz eines Tages ausgelöscht sein wird, daß wir ganz einfach nicht mehr sein werden, daß all unser Tun ein für allemal vorbei sein wird, daß wir in ein totales Nichts eintreten. Von all dem ist befreit, wer die Todesfurcht hinter sich läßt. Das ist die Erfahrung und die tiefe Überzeugung aller Menschen, die sich durch mediale Fähigkeiten oder zumeist auf meditativem Weg mit »Gott« wiedervereinigt haben im tiefen Sinn des Wortes Religion, das bar ist jeglichen Konfessionell-Formalen.

Natürlich muß das einen geradezu *gewaltigen Umbruch in der Einstellung der Menschen und ihrer täglichen Lebensführung* bewirken. Eine nahezu totale Umwertung der Werte tritt ein: Von vielen als unwesentlich erachtete und von gar manchen verlachte Qualitäten von Seele–Geist rücken in den Mittelpunkt unserer Lebensbetrachtung. Das positivistische Denken in der Philosophie (wonach nur Aussagen sinnvoll seien, die auf erwiesener Erfahrung beruhen, während alle metaphysischen Erkenntnisse, die jenseits des Erfahrbaren liegen, sinnlos seien) und das streng materiell-kausale Denken in der Naturwissenschaft sind überholt. Der Kern des religiösen Glaubens, bereinigt von allem Dogmatischen der verschiedenen Religionsorganisationen, bekommt plötzlich die größte Bedeutung. Ein Umbruch im gesellschaftlichen Denken ist unvermeidlich mit neuer Wertsetzung: Die Quelle und das Zentrum allen Denkens wird als Träger des menschlichen Seins die Unsterblichkeit des Geistes. Sie stellt das Leben jedes einzelnen in neue Dimensionen hinein, die weit, weit über die biologische Existenz in dieser Daseinsform hinausgreifen. Das Leben bekommt einen im Urgrund des Seins verwurzelten Sinn, und alles, was uns begegnet, bekommt von da her eine radikal andere Bedeutung. Der äußere Schein dieses Lebens stellt sich bloß in seiner Nichtigkeit. Der wahre Quell der Wirklichkeit und der Wahrheit wird sichtbar. Und: So verändert sich alles.

Wie wird geheilt?

Heilungstechnik und Heilungsprozeß

»Sei getrost, Dein Glaube hat Dich gesund gemacht.«
Matthäus 9,22

»Wer an mich glaubt, der wird die Werke tun, die auch ich tue.«
Johannes 14,12

»Ich suchte den Herrn, da erhörte er mich und machte mich frei von allen meinen Ängsten.«
Psalm 34,5

Die bisherigen Darlegungen dürften nun alle Voraussetzungen dafür geschaffen haben, daß wir uns jetzt der mehr praktischen Frage zuwenden können: Wie wird eigentlich geheilt, wie sieht der Heilungsprozeß im einzelnen aus? Da taucht natürlich sofort die Frage nach den verschiedenen Erscheinungsformen und Arten des geistigen Heilens auf, die schon im einleitenden Teil dieses Buches in vier verschiedenen Gruppen so übersichtlich herausgestellt wurden, wie das bei der sich vielfältig überschneidenden Problematik nur möglich ist (S. 26ff.).

Dort mußte bereits nachdrücklich darauf hingewiesen werden, daß diese vier grundsätzlich zu unterscheidenden Arten alle fließende Übergänge haben. Es wäre wenig sinnvoll, die besonderen Einzelheiten hinsichtlich der verschiedenen Heilungsarten hier im Detail zu schildern. Was für die Selbstheilung gilt, das ist in sinngemäßer Anwendung auch für die Fremdheilung gültig. Und was die Voraussetzungen der Kontaktheilung anbelangt, so sind es im wesentlichen die gleichen wie für die Fernheilung, wenn beide Teile – bewußt oder unbewußt – nur hinreichend aufeinander eingestellt sind.

Das Entscheidende ist und bleibt: Der Geist ist das allein Wesentliche des Menschen. Wer die Grundlagen des geistigen Heilens verstanden hat, die sich einzig aus dieser fundamentalen Gegebenheit unserer Natur herleiten, für den können *alle Verschiedenheiten des geistigen Heilens nur noch nebengeordnete Bedeutung* haben. Bei oberflächlicher Betrachtung scheint, daß die verschiedenen Heilungsarten auch verschiedene Heilungsmethoden mit sich bringen oder gar bedingen. Jede vertiefte Überlegung führt jedoch zu dem Ergebnis, daß diese verschiedenen Heilungsarten im Kern alle das gleiche Heilungsverfahren, die gleiche Heilungs-»Technik« haben.

Demgemäß läuft der Heilungsprozeß immer nach der gleichen Gesetzlichkeit ab. Die äußerlich vielleicht auftretenden Unterschiede rühren nicht an den im wesentlichen gleichartigen Kern. Sie sind zumeist nur das Ergebnis der persönlichen Erfahrung und Gewöhnung des einzelnen Heilers. Es wäre auch hier wenig sinnvoll, die vielen Besonderheiten aufzuzählen, wie sie die verschiedensten Heiler erfahren und für sich weiterentwickelt haben. Das Ergebnis wäre mehr Verwirrung als Klärung. Und auf mehr äußerlich-formale Gesichtspunkte kommt es schon gar nicht an.

In jedem Fall geht es am Ende nur darum, der Grundkraft des Lebens schlechthin: der »göttlichen« Liebe mit ihren unendlichen positiven Ausstrahlungen sozusagen freie Bahn zu verschaffen. Das heißt, *aus diesem Geist und dieser Kraft der Liebe heraus* das Gute, das Lebenfördernde und Leiden heilende zu bewirken. Wo immer sich jemand dieser befreienden und erlösenden Kraft der Liebe öffnet und sich ihr vorbehaltlos hinzugeben, sich mit ihr zu vereinigen vermag, da wird allen negativen Kräften jede Möglichkeit zur Entfaltung entzogen. Und da nimmt der Heilungsprozeß unaufhaltsam seinen vielleicht langsamen, aber doch stetigen und sicheren Verlauf.

Zuerst kommt es darauf an, das Wesentliche zu erfassen. Das ist in den folgenden drei Kapiteln so übersichtlich wie möglich aufgezeichnet. Die für ihn wirkungsvollsten Details in der Gestaltung seiner Heilungsbemühungen wird der ernsthaft Bemühte dann bald selbst ermitteln. Sie hängen sicherlich von dem Grad der inneren Reifung und menschlichen Vervollkommnung ab, den er bereits erreicht hat. Er ist immer das Primäre. Auf dieser Basis kann er sich dann von ganz allein in die für ihn bedeutungsvollen Besonderheiten »hineinentwikkeln«.

An dieser Stelle sei auf das Literaturverzeichnis (welches sich am Ende des Buches befindet) verwiesen, jedoch zugleich davor gewarnt, sich allzu schnell einem besonderen Heiler mit seiner persönlichen Technik anzuvertrauen und sich auf ihn einseitig festzulegen. Es könnte leicht sein, daß man dadurch das für einen selbst bestgeeignete Vorgehen nicht mehr finden kann!

Die vier wesentlichen Schritte der Heilungstechnik

Jeglicher Prozeß des geistigen Heilens läßt sich prinzipiell in vier wesentliche Schritte gliedern, die in jedem Fall in der gleichen Folge ablaufen. Je nach persönlicher Artung, Erfahrung und Gewöhnung mögen beim einzelnen Heiler die Zeitaufwendung und die seelische Sammlung bei den einzelnen Schritten verschieden lang bzw. intensiv sein – an der Abfolge der vier Schritte ändert sich nichts. Wird auch nur einer davon nicht in der nötigen natürlichen inneren Konzentration getan, so ist der Erfolg der Bemühung schon in Frage gestellt. Zumindest erlangt er nicht das sonst erreichbare Höchstmaß. Je klarer der nach Heilung Strebende diese vier notwendigen Schritte erkennt und sie einen um den anderen mit totaler innerer Beteiligung macht, um so sicherer wird sich der ersehnte Erfolg einstellen. Das vor allem dann, wenn sich durch entsprechende Übung und Erfahrung die nötige Sicherheit gebildet hat.

1. Schritt: Verbindung mit der geistigen Welt
Zur Einleitung oder als Vorbereitung empfiehlt sich für den Anfänger ebenso wie für den schon Geübten, sich in meditativer Weise auf die bevorstehende Heilungsbemühung einzustellen. Dazu kann sich der Anfänger etwa zehn Minuten an einem ungestörten Platz ganz der Ruhe hingeben, in einem bequemen Sitz, der es erlaubt, den Körper voll zu entspannen. Von Vorteil sind eine eher gedämpfte Beleuchtung und eine äußere Umgebung, die Ruhe und Stille ausstrahlt. Der etwa im Zen Geübte wird in seinem gewohnten Meditationssitz bemüht sein, seinen Geist, sein bewußtes Denken leer zu machen, um dann den Kontakt mit der jenseitigen, der geistigen Welt herzustellen.
Schon an dieser Stelle muß *deutlich vor der falschen Konzentration gewarnt* werden, die der Volksmund gern und nicht sehr schön als »tierische Konzentration« bezeichnet. Sie hat immer etwas Erzwungenes oder gleichsam Gewaltsames an sich. Das erschwert das innere Leerwerden, also die Aufnahmefähigkeit für die geistigen Kräfte, oder macht es gar unmöglich. Es geht hier um eine eher als »spielerisch« zu bezeichnende

»Konzentration«. Viel treffender und zugleich schlichter sollte sie ganz einfach als »innere Sammlung« bezeichnet werden. Verstandesmäßige Spannung setzt sie gewiß nicht voraus, schon gar nicht irgendeine Form der Überspannung, sondern weit mehr innere Lösung, Loslösung von allem irgendwie Belastenden. Weil hier die Ursache vieler Fehlschläge zu suchen ist, deshalb muß das nachdrücklich betont werden. Wem mangels meditativer Übung das anfangs nicht anders erreichbar ist, der möge sich irgendeinem ästhetisch ansprechenden, besser vielleicht sogar ästhetisch neutralen Bild hingeben, zum Beispiel der Vorstellung eines wolkenlosen blauen Himmels an einem heißen Sommertag. Aber dann gilt es, ganz bei diesem Bild zu bleiben, es ständig festzuhalten. Auf keinen Fall dürfen die Gedankenbilder phantasievoll in noch so schöne Fernen abschweifen.

Nach dieser Einleitungsphase ist die Grundlage dafür da, sich ganz schlicht-natürlich und doch intensiv-meditativ *auf die jenseitigen Kräfte einzustellen*. Die Gedanken richten sich jetzt nachdrücklich, wenn auch zunächst noch in allgemeiner Form, auf die ebenso inständige wie demütige Bitte an die »andere Kraft«, zu Hilfe zu kommen, dem Kranken zu Hilfe zu kommen, ihn von seinen Beschwernissen zu heilen: je nachdem Schmerzen wegzunehmen oder zu lindern, einem Geschwür die innere Kraft zu nehmen, so daß es sich auflösen muß, eine auch den Körper zersetzende falsche seelische Einstellung zum Positiven hinzuwenden und dergleichen. Jetzt kommt es nur darauf an, alles um sich herum zu vergessen und in seinem Selbst ganz »da« zu sein.

Ob man die »andere Kraft« nun versteht als geistige oder als göttliche Kraft oder Gott, ob als kosmische oder Urenergie, als TAO oder *ho* oder BA oder Prana, ob man sie sich vorstellt als gleichsam vermittelnden persönlichen Geisthelfer in der jenseitigen Welt (von manchen als »Geistführer« oder ähnlich bezeichnet) oder als persönlichen Schutzengel, ist im Grunde absolut zweitrangig. Das hängt nur von der mehr oder weniger formal-religiösen Einstellung des Heilenden ab. Wesentlich ist einzig und allein die tiefinnere Überzeugung von dieser »anderen« Kraft. Ihr öffnet man sich ganz, dieser Kraft des Guten und der Liebe, die aus dem unerschöpflichen göttlichen Born fließt.

Hier in dieser ersten Stufe ist das einzig Entscheidende, diese *Übereinstimmung zwischen Heiler und Geisthelfer in der jenseitigen Welt* so vollendet wie nur irgend möglich zu erzielen. Nur der Heiler, der sich als dynamisches, geistiges Wesen sieht, das mit Gott verbunden ist und seinen winzigen, aber wesensmäßigen Anteil an der göttlichen Allgewalt in sich trägt, nimmt dann die heilbringenden göttlichen Kräfte in sich auf und leitet sie weiter an die, denen er sich in Liebe zuwendet, weil sie ihrer bedürfen. Dieser Heiler weiß, daß sein Leib nur eine Erscheinungsform oder ein Werkzeug des alles belebenden Geistes ist.

Es gilt, davon *ohne einen Rest von Zweifel durchdrungen* zu sein: mit seinem ganzen Bewußtsein, mit seinem ganzen ungeteilten Menschsein bei der Sache zu sein. Die Wahrheit darf nicht nur im vergleichsweise oberflächlichen, bewußt denkenden Verstand gedacht werden. Sie muß in den tiefen Gefühlsschichten so verankert sein, daß sie von Herz und Gemüt getragen wird. Nur dann ist der Mensch in seiner Ganzheit erfaßt, und dann wird auch der letzte Rest seiner inneren Kräfte im Sinn seiner Bemühung lebendig. Es ist einleuchtend, daß das schon einen etwas höheren Reifegrad voraussetzt.

Eine gewisse gebetsmäßige Formel mag anfänglich zu dieser hochgradigen inneren Sammlung recht hilfreich sein. Im allgemeinen hüte man sich jedoch vor der ständigen Wiederholung einer solchen starr werdenden Formel. Denn bei routinehaft gewordenem Gebrauch wird sie nur zu leicht ihres Sinnes ledig und leer. Nur wer auch bei häufigem Gebrauch die Worte in ihrem vollen Inhalt und Wesensgehalt ganz im meditativen Sinn immer wieder von neuem wahrhaft zu erleben weiß, möge sich eines solchen Wortgebetes bedienen. Aber auch dann nicht tagtäglich im exakt gleichen Wortlaut.

Ein schönes Beispiel für ein solches Gebet finden Sie in der Bitte des als Heiler bekannt gewordenen Franz von Assisi: »Herr, mach mich zum Werkzeug Deines Heils . . .« (Seite 127). Ein anderes Beispiel, das man nach der Einstimmung und zur Überleitung auf den nächsten Schritt in möglichst totaler Sammlung sprechen kann: »Großer Gott, Ihr alle seine Helfer, Ihr meine Schutzgeister, die Ihr die Urenergie zu lenken wißt, Euch bitte ich demütig und inständig: Erfüllet mich mit der

Kraft des Geistes, der alles schafft. – Erfüllet mich mit dem Geist der Liebe, der über allem steht, was geschaffen ist. – Erfüllet mich mit dem göttlichen Licht der Erkenntnis (das uns allen leuchtet, wenn wir es nur sehen), damit ich den rechten Weg finde. – Und laßt alle Kraft des Geistes, der Liebe und der Erkenntnis hinfließen zu den Menschen, die in Not sind, und ganz besonders zu dem, dem zu helfen ich Euch bitten darf, nämlich . . .«

2. Schritt: Verbindung mit der Wesenheit des Kranken

Wenn sich der Heilende nun an die geistige Welt angeschlossen hat – wie man das auch treffend nennen kann –, dann muß er sich als nächsten Schritt mit der Wesenheit des zu Heilenden verbinden. Ebenso wie mit den helfenden Kräften jenseits unserer Sinnesorgane, muß eine weitgehende Übereinstimmung auch mit dem Inneren des Kranken erreicht werden. In vollendeter Weise geschieht das dann, wenn die Geist- oder feinstofflichen Körper (S. 50) der beiden gleichsam ineinander übergehen. Das heißt, wenn sie sich so intensiv miteinander verbinden, daß man fast schon von einem Verschmelzen sprechen kann. Bewirkt wird das durch *die liebevolle Zuwendung des Heilenden zum Patienten,* die durch nichts getrübt ist, was wiederum die durch nichts geschmälerte liebevolle Hinwendung des Heilers zu seiner Aufgabe voraussetzt.

Der Heilende ist also innerlich jetzt ganz unmittelbar auf seinen leidenden Mitmenschen ausgerichtet. Er fühlt sich ganz in ihn ein. Ob man ihn wie bei der Kontaktheilung vor sich hat oder ob man sich sein Bild ganz lebendig und intensiv vorstellt, auch die Natur seines Leidens, ist insoweit nebensächlich. Entscheidend bleibt einzig auch hier, wie schon hervorgehoben, daß man als ganzer Mensch restlos bei der Sache ist.

Manche Heiler empfehlen für diese Phase, in der man sich mit dem Kranken innerlich verbindet, *ein ganz ungestörtes,* von keinerlei Hemmung oder Zurückhaltung eingeschränktes *persönliches Gespräch mit dem zu Heilenden.* Dieser berichtet die Geschichte seiner Nöte oder seines Leidens. Er kann sich dabei entspannen. Und gleichzeitig wird er in aller Regel auch die erforderliche menschliche Zuneigung zum geduldig zuhörenden Heiler gewinnen oder verstärken. Dieser spricht in dieser Phase sehr wenig – und wenn, dann nur mit ruhiger, sanfter Stimme. Er kann dabei die Hand des Kranken halten und dadurch die Energieschwingungen, die Ausstrahlungen der beiden Körper und Wesenheiten in Einklang miteinander bringen. Er mag zur weiteren Beruhigung des Patienten seine Hände gelegentlich auch zart über die Stirn oder den Körper des Hilfesuchenden gleiten lassen.

So bedeutungsvoll all das in nicht wenigen Fällen sein mag, so sei man doch auf der Hut, *daß der Patient nicht in das Selbstmitleid verfällt,* das ihm dann die Ausstrahlungen der heilenden göttlichen Kräfte verschließt. Besonders wer gern im rein passiven Entgegennehmen von äußeren Hilfen verharrt, für den stellt das eine nicht geringe Gefahr dar. Auch sollte diese zweite Phase nicht allzu lange Zeit erfordern, um die innere Wachheit und Konzentration für den folgenden eigentlichen Heilungsvorgang nicht unnötig zu gefährden.

Nochmals: *Der zu Heilende muß innerlich ganz gelöst, also in Körper und Geist entspannt sein.* Jede Verhärtung oder gar Verkrampfung macht das freie Fließen der heilenden Kräfte mit der ungehinderten Entfaltung ihrer Energieschwingungen unmöglich. Deshalb hat der Heiler von allem Anfang an auf die ganz entspannte Lage des Kranken zu achten. In noch erhöhtem Maß gilt das natürlich etwa für ein erkranktes Gliedmaß, das geheilt werden soll.

Grundlage der Heilung ist das durch nichts getrübte höchste Vertrauen des Kranken zum Heilenden. *Je mehr der Kranke ganz mitarbeitet,* um so größer muß seine Heilungschance sein. Es muß so etwas Ähnliches wie eine geistige Brücke zwischen den beiden bestehen, die sich im günstigen Fall von beiden Seiten her aufbaut. Sie kann auch eher einseitig vom Behandler zum Patienten hin aufgebaut werden, was verständlicherweise weit weniger günstig, aber bei behutsamem und feinfühligem Vorgehen nicht unmöglich ist. Sperrt sich der zu Heilende jedoch gegen die Behandlung, dann kann sie schwerlich erfolgreich sein.

Bei der *Fremdheilung,* von der der Patient bewußt gar nichts weiß, ist die Situation diesbezüglich natürlich schwieriger. Sie gelingt wohl nur, wenn der Heiler hinreichend starke Kräfte zu mobilisieren versteht und vor allem, wenn auch der zu Heilende wenigstens einigermaßen ausreichend geöffnet ist für das Wirken der »anderen Kraft«. Voraussetzung ist hier selbstverständlich wie in allen Fällen, daß die Heilung auch im Sinn der großen Ordnung, im Sinn des Karma, erwünscht oder wenigstens zugelassen ist.

Im Fall der *Selbstheilung* sind diese Ausführungen selbstverständlich sinngemäß zu verstehen. Der Hilfesuchende braucht nur das bescheidene Maß an geistiger Disziplin, um das erfolgreich auf die eigene Person zu übertragen, was hier für die Wirksamkeit der Kontakt- oder der Fremdheilung dargelegt wurde. Bei verständnisvoller Bemühung dürfte hier keinerlei Problem entstehen.

3. Schritt: Bitte um Hilfe und Ausströmen der »anderen Kraft«

Ist, wie soeben beschrieben, die geistige Brücke zwischen Heiler und Behandeltem geschlagen, dann folgt als dritter Schritt der eigentliche Heilungsvorgang. Er ist das Kernstück des geistigen Heilens, das eingeleitet wird durch die schon mehrfach erwähnte *demütige und inständige Bitte an die heilenden Kräfte,* dem Kranken zu Hilfe zu kommen: Die jenseitige, die göttliche, die geistige Kraft, die kosmische, die Urenergie, die geistigen Helfer der »anderen Kraft« möchten die Bitte hören und die Schmerzen des Leidenden fortnehmen, seine Übel erleichtern, Anfälle unterbinden oder dergleichen, so daß Wohlsein und Gesundheit zurückkehren.

Nennen wir diese geradezu inbrünstige Bitte »*Gebet*«. Das ist nichts anderes als das volle Aufgehen, die volle Hingabe an die große Ordnung, an das große Gesetz, das unsere ganze sichtbare und unsichtbare Welt durchdringt und das ganze Weltall in seiner unendlichen Ausdehnung steuert. Das Wichtigste an diesem Gebet ist, daß es sich im Ziel und in der Bemühung ohne jede Eigensucht ganz dieser großen Ordnung, ganz »Gott« darbietet. Die so verstandene Erhebung zu Gott verändert das Leben total: Sie strahlt zurück auf die Milliarden unserer Körperzellen und von da wieder hinaus in die Seelen der Mitmenschen und aller anderen Lebewesen.

Wenn wir das Bild des Kranken diesen höheren Kräften übermitteln, dann können die heilenden Ströme durch diese Vermittlung in ihn hineinfließen. Ganz besonders dann, wenn sich der Heiler *intensiv vorstellt,* wie die geistigen Helfer dieses Bild des Kranken empfangen und wie die Heilungskräfte von jenseits auf ihn übertragen werden. In dieser seiner vollen inneren Sammlung vergißt sich der Heiler geradezu als selbständiges Wesen: Die Verbindung mit der »anderen Kraft«, mit den geistigen Helfern kommt in der erbetenen Weise jetzt zustande.

Verschiedene Heiler haben verschiedene »Wege«, auf denen sie das Wirken der »anderen Kraft« erleben und steuern:

– Die einen sehen sie im Einatmen der kosmischen Energie oder »Prana«, die sie mit jedem Atemzug in sich aufnehmen und aus der damit angereicherten Fülle ihres Leibes (körperlich aus dem Bauch- oder Hara-Raum, geistig aus den Milliarden der lebenden Zellen ihres Organismus heraus) in den Kranken hinüberfließen lassen. Die Hand, die auf die kranke Körperstelle aufgelegt oder die darübergehalten wird, bildet den leitenden Übergang.

– Andere arbeiten im Sinn der jahrtausendealten indischen Yogalehre mit den Chakren. Darüber hier Genaueres auszuführen, verbieten der Umfang und die besondere Zwecksetzung dieses Buches. Außerdem setzt es den im Yoga Fortgeschrittenen und Geübten voraus.[14]

– Wieder andere nehmen die »andere Kraft« durch die Unsumme der Poren ihrer Haut in die Milliarden ihrer Körperzellen auf, um sie dann auf den Kranken oder in das erkrankte Organ fließen zu lassen. Sie erleichtern sich das häufig durch die nach oben hin geöffneten, die Kraft in besonderer Weise aufnehmenden Hände.

Welches Verfahren wir immer im einzelnen anwenden, das Entscheidende ist und bleibt, daß wir nicht mit unserer eigenen, so kleinen und bescheidenen Kraft arbeiten, sondern daß wir es verstehen, die große, die gewaltige geistige Kraft »anzuzapfen« und sie durch unsere Bitte, durch unser Gebet zur Einwirkung auf den zu heilenden Menschen zu bringen. *Um das Optimum unserer eigenen Wirkungsmöglichkeiten zu nutzen,* sollten wir dabei immer aus unserem Kraftzentrum heraus, also aus unserem Bauch-, Becken- oder Hara-Raum heraus, auf den Behandelten einwirken, und zwar auf seine Gedanken- und Geisteswelt und nur sekundär auf seinen Körper. Denn der Geist ist der wahre Kern des Menschen. Und wenn, wie wir gesehen haben, Gesundheit und Krankheit im wesentlichen energeusche Prozesse sind, die sich in der vom Geist belebten Zelle vollziehen, dann kann nur im Geist der richtige Ansatzpunkt für die Wiederherstellung von Gesundheit und Wohlbefinden sein. Der Geist als eine absolute Gegebenheit und damit auch unser feinstofflicher Geistkörper sind ja auch unverletzlich!

Deshalb sollte der einigermaßen erfahrene Heiler *in erster Linie auf den Geistkörper des Kranken einwirken;* genauer gesagt: auf den »Seelenkörper« oder die Aura (S. 50), die durch die Erkrankung irgendwie in Mitleidenschaft gezogen wurde, und er soll sich vorstellen, wie sie durch das Einwirken der großen Kraft wieder ihre durch nichts getrübte Formen und Farben annimmt; daß alles im Energiekörper wieder wohlgeordnet wird und dadurch der von ihm gesteuerte materielle Körper ebenfalls wieder in seine Ordnung kommt. Nicht wenige Heiler und Patienten berichten: Das Strömen der geistigen Kräfte, der großen Energie, sowohl in den Händen (des Heilers) als im Körper (des Patienten) verspüren sie noch intensiver, und die Heilwirkung tritt um so rascher ein, wenn der Heiler seine vermittelnden Hände nicht direkt auf die zuständige Körperstelle auflegt, sondern je nachdem 20–40 cm darüber, also über die zuständige Stelle im Geistkörper legt und von da aus die heilende Kraft zunächst in diesen hineinlenkt. Das Gefühl in den Handflächen und Fingerspitzen zeigt dem Geübten recht präzise die beste Höhe an. Es entwickelt sich rasch mit steigender Übung.

Der Heiler ist restlos erfüllt von der Vorstellung der fließenden göttlichen Kraft. Er ist ganz beseelt von der Vorstellung, wie die schwingende Energie dieser großen Urkraft den Krankheitsherd angeht, zum Beispiel eine Geschwulst auflöst, wie sie das Ungeordnete und den Schmerz vertreibt. Das intensive Gefühl vom Strömen der Kraft in Handflächen und Fingerspitzen läßt die Stärke dieser Vorstellung so weit wachsen, daß sich der Heiler selbst vollständig vergißt. So sind die heilenden Kräfte, der »göttliche Funke« im Heiler und im behandelten Menschen sozusagen in eins zusammengeflossen: Der Heilungsprozeß vollzieht sich.

Manche Heiler sprechen statt vom Geistkörper auch vom »Zellenverstand« oder vom »Organbewußtsein«. Prinzipiell macht das keinen bedeutungsvollen Unterschied. Das Wesentliche ist, sich weniger an das betroffene materielle Organ zu richten als vor allem auf das, was das geordnete Funktionieren des Organs bewirkt. Das muß man sich ganz intensiv in seinem ungestörten Wirken vorstellen und somit die Heilkräfte auf das Positive hinlenken. Was spielt der Name, den wir dafür gebrauchen, schon für eine Rolle?

Die Heilungsabsicht muß sich also darauf richten, die Ursache, *den wahren Grund des Übels zu überwinden,* zu beseitigen. Gelingt das, dann wird das Krankheitssymptom von selbst verschwinden. Wiederum ist das Vertrauen in die »andere«, in die große Kraft so wesentlich: »Dein Vater weiß, wessen Du bedarfst, ehe Du ihn bittest« (Matthäus 6,8). Auf keinen Fall darf übersehen werden, daß gerade bei sogenannten Nervenkrankheiten, die immer Krankheiten des Gemüts sind (zum Teil heute gern »Neurosen« genannt), die Mithilfe des Kranken von der größten Bedeutung ist, was die richtige Art des Eingehens auf ihn voraussetzt. Gerade bei diesen Krankheiten ist die sinnvolle Zusammenarbeit mit dem behandelnden Arzt durch nichts zu ersetzen.

Der Heiler konzentriere sich also in erster Linie auf die Gesundheit und auf das ungetrübte Heil seines Patienten. Dessen Gedanken sollen sich keinesfalls auf seine Krankheit hin konzentrieren, was diese nur weiterhin stärken würde. Sie sollen die natürliche innere Heilkraft des Menschen aktivieren, den inneren Arzt, sein körpereigenes Abwehr- und Heilvermögen, seine innere Lebenskraft (S. 39). Der Körper ist ja so angelegt, im kybernetischen Sinn so organisiert, daß er von Natur aus ohne Störung funktioniert, daß er »gesund« ist, solange diese seine innere Lebenskraft nicht nennenswert geschwächt, solange sie von der seelischen Seite her nicht blockiert wird. Dieser Lebenskraft muß also wieder die Gelegenheit zum freien Fließen und zur vollen Entfaltung ihrer Heilungsmöglichkeiten gegeben werden.

Deshalb gilt es, die geistige Vorstellung vom durch und durch heilen Menschen im höchsten Grad lebendig werden zu lassen in dem festbegründeten Vertrauen, daß sie im Sinn der Schöpfung, im Sinn der großen Ordnung Realität wird und Realität ist. Sehen Sie also so bildhaft wie nur möglich das Wirken der Heilungskräfte in dem erkrankten Organ, in den erkrankten Zellen, vor allem auch an dem gestörten Geistkörper vor sich! So aktivieren Sie alle Kräfte Ihrer Seele, Ihres Unbewußten und rufen damit die Hilfe der »anderen«, der großen Kraft herbei, die Sie zu intensivem Strömen bringen!

Um diesen so wesentlichen Kernpunkt, der schon mehrmals betont wurde, nochmals ganz klar herauszustellen: Von ganz entscheidender Bedeutung ist *die Durchlässigkeit des Heilers für die »andere Kraft«*. Er muß ganz geöffnet sein für ihr Wirken, für das Wirken der geistigen, der göttlichen Kraft. Jede Überspannung, Hemmung, Verhärtung oder gar Verkrampfung blockiert das Fließen der heilenden Kraft und bringt es schließlich sozusagen zum Ersticken. Hier liegt der große Wert der Eutonie als der Technik, die die Durchlässigkeit des Körpers und nicht minder des zugrunde liegenden Geistes für das Fließen der alles belebenden Energie bewirkt.[15] Je mehr die Hände, die die »andere Kraft« übertragen, beseelt sind vom Wunsch der Hilfevermittlung und je ungestörter diese große Kraft fließen und strömen kann, um so intensiver fühlt der Heilende ganz konkret ihr Strömen, vor allem in den so nervenreichen Handflächen und Fingerspitzen.

Und noch aus einem anderen Grund ist diese Durchlässigkeit geradezu von lebenswichtiger Bedeutung: Nur wenn sie hinreichend da ist, können auch *das Krankhafte, die negativen Schwingungen des zu Heilenden* durch den Heiler hindurchströmen. Er kann sie *auf der Stelle wieder abgeben.* Sie bleiben nicht an ihm selbst hängen, um ihn damit mehr oder weniger schweren Belastungen auszusetzen. Diese können – wie nicht wenige Beispiele von diesbezüglich unerfahrenen, wenn auch noch so wohlmeinenden Heilern zeigen – so weit gehen, daß der Heiler am Ende die Schwierigkeiten oder die Krankheit des tatsächlich geheilten Patienten jetzt in sich trägt. Das ist gewiß nicht der Sinn der Bemühungen. Daher sollte sich der Behandelnde nicht nur das intensive Strömen der heilenden Kraft vorstellen und es erleben, sondern gleichzeitig auch das Ausströmen der krankhaften, der negativen Kräfte. Wie er sie in seinen Händen, in seinem eigenen Körper aufnimmt und zugleich durch die Kontaktstellen seines Körpers in die Erde hinein oder durch den Atem oder ganz einfach aus den Milliarden seiner Zellen und Poren auf der Stelle wieder abgibt in das gigantische Schwingungsfeld der Welt: der ihn umgebenden Erde und Luft und des weiten Kosmos. Hier ist der Platz für das Negative, wo es rasch aufgesogen wird von der alles überwältigenden Stärke der positiven Naturkräfte.

Aus dem genannten Grund haben sich manche Heiler auch angewöhnt, grundsätzlich nach jeder Behandlung ihre Hände mit den ausgestreckten Fingern so auszuschütteln, daß sie das Krankhafte gleichsam von sich schleudern. Oder sie waschen sich sogleich die Hände bei dem konzentrierten Gedanken, daß sie das Negative, das daran kleben mag, mit dem fließenden Wasser hinwegspülen. Auf diese Weise machen sie sich frei von der beschriebenen möglichen Gefährdung. Wesentlich ist immer das vielleicht noch so kurze, aber gesammelte Bewußtsein, daß das Negative, das man aufnimmt, den Körper sofort verläßt, daß es, ohne Spuren zu hinterlassen, nur durch den Körper hindurchpassiert. Zurück bleibt nur das Heile, das positive Wirken der großen Kraft!

4. Schritt: Dank an die Heilkräfte

Am Ende einer jeden Heilungsbemühung sollte man niemals versäumen, *voll Demut und inständig zu danken für die Hilfe,* die die heilenden Kräfte, die die geistige Energie, die die in ihrem Dienst stehenden geistigen Helfer, die Gott einem hat zuteil werden lassen. Haben wir anfangs in der gleichen Weise die jenseitigen Kräfte, denen wir nun einmal unterworfen sind, um Hilfe gebeten, ist es nur natürlich, sozusagen nur unsere Anstandspflicht, daß wir uns jetzt auch gebührend dafür bedanken. Würden wir das unterlassen, so wäre es nur ein sicheres Zeichen unserer egoistischen Einstellung. Sie würde noch weit entfernt sein von dem, was das oberste Gebot für unser Leben darstellt: uns unter Überwindung unseres ICH und seiner Ansprüchlichkeit liebevoll dem Nächsten zuzuwenden. Nur die in ihrem Ego verhafteten Menschen sind undankbar.

Dieser unser Gedanke an die Hilfe durch die geistige Energie sorgt dann um so mehr dafür, daß sich *unsere Bindung an die »andere«, die göttliche Kraft* enger und enger gestaltet.

Wer sich in Demut, in inniger Hingabe und mit tiefem Dank der unendlichen Kraft, dem göttlichen Geist anzuschließen weiß, der kann *aus dieser grenzenlos ergiebigen Quelle immer und immer wieder Kraft und Stärke, Ruhe und Gelassenheit schöpfen.* Und je mehr er davon weitergibt, liebevoll weiterleitet an die, die dieser Kraft bedürfen (die sich seither ihrer nur noch nicht bewußt geworden sind), je mehr er diesen nie versiegenden und so starken Energiestrom durch sich selbst hindurchfließen läßt, desto mehr lädt sich sein eigener Organismus – sein Körper sowohl wie Seele–Geist – damit auf. Er wächst dadurch um so leichter in höhere Stufen der Reifung hinein. Um so kraftvoller werden sich dann die Kräfte des Guten im Sinn und im Dienst der großen Ordnung in ihm entfalten. Und mit um so größerer Wirkungskraft werden sie bei den weiteren, wiederkehrenden Heilungsbemühungen in Erscheinung treten.

An dieser Stelle soll nochmals ganz unmißverständlich darauf hingewiesen werden, daß diese »Technik« der *geistigen Heilung scharf zu trennen ist von der Heilbemühung im üblichen medizinischen Sinn.* Denn sie ist, wie schon früher ausgeführt, eher ein religiöser denn ein medizinischer Akt. Sie ist Hilfe und Unterstützung, die Weckung oder Stärkung für den inneren Arzt, für die selbstheilenden Kräfte des Organismus, im Sinn des »natura sanat« (S. 39). Sie darf daher in keinem Fall verstanden werden etwa als Ablehnung einer notwendigen ärztlichen Behandlung, die dem Körper sein Recht gibt. Sie unterstützt diese ärztliche Behandlung in der geistigen Ebene. Und das kann ihr in ihrer Wirkung niemals schaden, sondern nur eine zusätzliche Hilfe sein. Je mehr sie aus der Tiefe von Herz und Geist des Heilers herauswächst, um so stärker und intensiver ist sie getragen von der Kraft der Energieschwingungen, die am Ende alles und jedes in dieser Welt schaffen und bewegen. Und um so größer muß ihre Hilfe für den leidenden Menschen sein.

Grundsätzliches zum Heilungsprozeß

Der Heilungsprozeß wird uns in der *Gesetzmäßigkeit seines Ablaufs* sofort verständlich, wenn wir uns an den Aufbau des menschlichen Zellengewebes erinnern (Seite 43). So wie jedes Atom einen vollständigen »*Energieorganismus*« darstellt, so auch jede Zelle. Die Energie, die wir in den Körper leiten, bricht den falsch gerichteten oder falsch gesteuerten Ablauf des atomar-energetischen Wirkungsmechanismus in den erkrankten Zellen auf und sorgt dafür, daß er sich von neuem im richtigen, gesunden Sinn organisiert. Anders ausgedrückt: Durch die zwingende Kraft der zunächst körperlosen, rein geistigen Energie – die wir, wie geschehen, getrost als kosmisch oder göttlich bezeichnen dürfen – entsteht im chemisch-physikalischen Spiel des Körpers auch »Materie«. Es ist im Grundsatz der gleiche Vorgang wie in der leblosen Materie. Sie formt die erkrankten Gewebe im Sinn der Heilung zu gesunden Zellen um. Wo könnte da ein Widerspruch zu welchem Naturgesetz vorliegen? Es werden die Bewußtseinsschichten mit ihren Kräften aktiviert, die der engen Naturwissenschaft von gestern noch verborgen waren. Das ist prinzipiell die ganze Lösung des Problems. Schon die suggestive Kraft der Hypnose mit ihren oft so erstaunlich erscheinenden Auswirkungen sollte doch ausreichend deutlich machen, welch starke Kräfte hier am Werk sind.

Die Heilung durch die geistige Kraft erfolgt also im Rahmen der großen Gesetze, denen der ganze Kosmos mitsamt unserer Welt unterworfen ist. Wir können sie als *einen systematisch fortschreitenden Prozeß* bezeichnen, der bei der Behandlung der wahren Ursachen einsetzt und mit der Korrektur des äußeren Symptoms endet. Sie ist mit keinerlei Schmerzen verbunden. Um so weniger sperrt sich der Kranke auch dagegen. Schon in den ersten Tagen empfindet er mit dem Erspüren des heilenden Energieflusses in seinem Körper oft ein ausgesprochenes Glücks- und Hochgefühl, das sein Vertrauen in die Heilung bis zur völligen Sicherheit steigert. Dann ist beim richtigen Verfahren auch der Heilerfolg so gut wie gesichert.

Im allgemeinen sind also die Voraussetzungen für das gute Gelingen sowohl die Kraft, die der Heiler durch sein höchstes

Vertrauen zu ihr zu mobilisieren versteht, als auch der tiefe Glaube des Kranken. Bloß verstandesmäßiges Denken, das nicht auf einer *wohlfundierten seelischen Überzeugung* aufbaut, bewirkt wenig oder nichts. Der ganze Mensch mit seinem Persönlichkeits-Selbst muß dahinterstehen: Mit der in ihm verwurzelten Erkenntnis, daß er in seiner individuellen Lebenskraft nur Teil oder Leihgabe der allumfassenden Lebenskraft oder Energie darstellt. Religiös gesagt: Daß er von der Wahrheit durchdrungen ist, als Einzelmensch teilzuhaben an der göttlichen Wesenheit, wesensmäßig mit Gott verbunden zu sein. Diese kraftgeladene Überzeugung wirkt dann tief ins Unterbewußte hinein, wo sich die für uns geheimnisvollen Prozesse des Lebens vollziehen. Das auch dann, wenn der Patient diese Zusammenhänge nicht verstehen sollte.

Hat man einen Heilungsprozeß einmal begonnen, dann soll man ihn nicht abbrechen. Wird er geduldig und beständig möglichst Tag für Tag wiederholt, wird also die auf Gesundung hin gerichtete Sammlung der konzentrierten Aufmerksamkeit und die inständige Bitte um Heilung immer und immer wieder erneuert, dann kann das – wie man gern sagt – so etwas Ähnliches wie ein Wunder bewirken. Das gilt besonders für chronisch gewordene Leiden. Der Zustand des Kranken, der sich äußerlich nicht verändert oder sich zunächst gar verschlechtert, darf uns nicht abschrecken. Vermeintliche Verschlechterungen zeigen oft nur an, daß »es« in dem betroffenen Organ zu arbeiten beginnt im Sinn unserer Bemühungen. Vorübergehende »Verschlimmerungen« des Zustands sind nicht selten ein Zeichen der einsetzenden grundlegenden Verbesserung (vgl. Seite 89).

Sollte der Patient nicht mehr gesunden, so können wir die Beruhigung haben, nichts unterlassen zu haben, was ihm möglicherweise doch hätte helfen können. Es ist nicht anders als bei vergeblichen ärztlichen Bemühungen. Ist ihm seine Todesstunde trotz allem so bestimmt, daß der körperliche Tod eintritt, dann können wir das der unausweichbaren Wirkungskraft seines Karma, seiner ihm anhaftenden Schicksalsbestimmung zuschreiben. Dann brauchen wir keinen »Schuldigen« zu suchen: weder in der Person des Heilers noch des Kranken, noch des Arztes und noch viel weniger in Gestalt der geistigen Kräfte, die sich uns versagen. *Karmabedingtes Leid kann niemand heilen.* Das heißt solche Krankheiten oder seelische Belastungen, die einem Menschen als Ergebnis von schuldhaftem Verhalten in früheren Leben anhaften. Er kann in diesem Leben seine Schuld abbüßen durch Leiden. Besonders wenn er es in diesem Sinn annimmt oder trägt. Oder er kann sie durch gutes, selbstloses Tun abtragen. Kein anderer kann sie ihm wegnehmen als allein er selber. Diesem Gesetz des Karma kann sich auch der geistige Heiler nur beugen. Seine noch so intensiven Bemühungen müssen vergeblich sein, wenn es im Sinn der großen Ordnung so sein soll. Aber darüber sind sich auch viele aufmerksame Beobachter einig: Daß die lebendige, konzentrierte Kraft von Seele–Geist die Stunde, die einem bestimmt ist, in gewissen Grenzen sehr wohl verschieben kann. Abgesehen davon, daß diese Kraft dem Kranken noch eine Chance gibt, geistig einen Schritt vorwärts zu tun.

Die Heilung durch geistige Kraft benötigt ihre Zeit. Um die eigentliche Krankheitsursache zu beseitigen, bedarf es ja zumeist einer beachtlichen Umstellung in der inneren Haltung ebenso wie im materiellen Gewebe, dem in Mitleidenschaft gezogenen Zellenverband des Körpers. Das gilt ganz besonders, wenn sich der erkrankte Mensch im Lauf der Jahre, oft im Lauf von Jahrzehnten, in eine ausgeprägte innere Disharmonie hinein entwickelt hat. Es ist nur zu natürlich, daß dann ein Erfolg kaum von heute auf morgen erwartet werden kann. Werden jedoch – wie schon betont – die Heilungsbemühungen Tag für Tag konsequent fortgesetzt, so kommt die Heilung zwar nur langsam Schritt für Schritt voran. Bei der nötigen Ausdauer wird sie dann aber doch eintreten, mindestens jedoch fühlbare Besserung bringen.

Niemals darf ein bestimmter Fall von durchschlagendem Erfolg in seinen Heilungsanstrengungen und im besonderen Vorgehen des Heilers *als ein starres Muster für andere Fälle gesehen werden.* Die individuellen Faktoren, die so zahlreich zusammenwirken, sind immer wieder etwas anders gelagert. Der eine Mensch ist mehr in seiner Phantasie und Vorstellungskraft, der andere in seinem vom Ehrgeiz genährten Willen, ein dritter in seinen Verstandesüberlegungen ansprechbar. In gewissen Grenzen kann sich das Heilverfahren mit guter Wirkung auf diese besondere Wesensart des Patienten einstellen. Wohl sind die wesentlichen Schritte der Heilungstechnik im Kern immer die gleichen. Das ändert indessen nichts daran, daß jeder besondere Fall auch seine besondere Prägung hat, die es zu beachten gilt. So darf man auf Grund einer guten Erfahrung unter oberflächlich vergleichbaren Umständen eine Heilung schon gar nicht versprechen oder auch nur in Aussicht stellen. Denn der Heiler als solcher vermag nichts. Er kann sich nur demütig der großen Kraft anvertrauen in der Hoffnung, daß sie sich ihm zur Verfügung stellt.

Es darf unter keinen Umständen vergessen werden, daß *Heiler und Patient hinreichend aufeinander eingestimmt* sein müssen. Wenn die Schwingungen ihrer Persönlichkeit nicht in etwa auf der gleichen und durchaus positiven Ebene liegen, könnte es sehr wohl passieren, daß der zu Heilende auch negative Schwingungen aufnimmt, die ihm schaden könnten. Und umgekehrt ist auch der Heiler nicht gegen schädliche Beeinflussung durch Übel bringende Schwingungen gefeit, die vom Kranken ausgehen. Für den, der das Schwingungsprinzip richtig verstanden hat, kann daran kein Zweifel sein. Und in der Tat läßt sich diese negative Wirkung dann und wann beobachten. Ganz besonders (aber nicht ausschließlich), wenn es der Heiler gelernt hat, die »andere Kraft« für sich zu mobilisieren und nicht aus reinen Motiven heraus handelt (siehe S. 75 und S. 84).

Immer wieder kommt es bei entsprechend weiterentwickelten Heilern vor, daß sie bei Fernheilungsbemühungen eine *als hellseherisch zu bezeichnende Vision* des Menschen haben, auf dessen Gesundung hin sie sich in vollendeter Sammlung ihres Geistes einstellen. Sie sehen sein Zimmer, das Bett, in dem er liegt, oder sehen ihn in der Tätigkeit, die er gerade ausübt, lebendig und in absoluter Klarheit vor sich, was sich dann bei Rückfragen bis in kleinste Details hinein bestätigt. Umgekehrt kommt es auch vor, daß der zu Heilende seinen Heiler, zuweilen auch dessen Geistkörper, in ähnlicher Klarheit vor sich sieht.

Verschiedene Heiler arbeiten bei ihren Heilungsbemühungen, wie schon auf Seite 105 erwähnt, mit den *Chakren*. Der Yoga kennt sieben solcher Hauptchakren, also sozusagen seelische

Zentren, die Seele–Geist und Körper miteinander verbinden. Sie sind gewissermaßen Aufnahme-, Sammel- und Verteilungsstellen für die Lebenskraft, für die vitale Energie. Je weiter ein Mensch in seiner geistigen Entwicklung vorangeschritten ist, um so lebendiger und aktiver werden diese Zentren. Beim ungeübten durchschnittlichen Menschen sind sie zwar latent vorhanden, aber nicht geweckt, also so gut wie gar nicht aktiviert. Für den Yogi ist die Verlebendigung der Chakren der letzte Sinn aller seiner besonderen Bemühungen, weil er nur dadurch das ihm erreichbare mögliche Endziel des Yoga erreicht: die Verschmelzung seines Menschseins mit der göttlichen Urenergie, bezeichnet als Samadhi. Wie schon gesagt, muß hier darauf verzichtet werden, genauere Einzelheiten zu bringen.

In unserem Zusammenhang ist vor allem wichtig zu wissen, daß in diesen Zentren die geistige Energie in besonderer Weise aufgenommen wird. Das gilt für den Heiler ebenso wie für den zu Heilenden. Die Grundvoraussetzung für das Heilen durch die Kraft des Geistes ist nun einmal die geistige Vitalisierung und Entwicklung, ohne die die große Kraft nicht fließen kann. Deshalb ist es so bedeutungsvoll, die dafür wichtigsten Chakren, das Scheitel- und das Wurzelchakra, zu erkennen. Sind beide hinreichend geöffnet und verbinden sie sich gleichsam im Hara, im Bauch-Becken-Raum, dem Zentrum unserer Kraft, dann öffnet sich unser Organismus in aller Regel für den freien Fluß der »anderen«, der großen Kraft.

Hier ein kurzer Hinweis auf den *bulgarischen Arzt Dr. Losanow.* Er ist durch seine *Heilung durch Gedanken* weithin bekannt geworden. Seine geistige Heilmethode hat zum Ziel, eine starke seelische Barriere gegen die Krankheit aufzubauen, so wie sie der Patient empfindet. Es geht ihm darum, im Sinn der Yogalehre Körper und Geist zu einem absolut störungsfreien Zusammenspiel zu bringen. Also zu einem vollendeten Spannungsausgleich im Sinn der Spannungslehre.[16] Dabei arbeitet er mit starker suggestiver Beeinflussung, um den Patienten ganz zu entspannen, so daß die in Seele–Geist liegenden Hemmnisse gegen die Heilung beseitigt werden. Er hat auch eine Methode der geistigen Anästhesie entwickelt, mit deren Hilfe schmerzfreie Operationen ohne Betäubungsmittel durchgeführt werden. Vor allem im Ostblock erwarb er sich einen hervorragenden Ruf.[17] Wenn wir es recht besehen, arbeitet auch er im Grunde mit nichts anderem als mit der geistigen Kraft, indem er um deren freies Fließen im Organismus des Patienten bemüht ist.

Noch ein Wort zur sogenannten *Logurgie, d. h. den »Geistoperationen«*, wie sie vor allem von den Philippinen und auch aus Brasilien bekannt wurden. Internationale Studiengruppen von Wissenschaftlern aus verschiedenen Disziplinen haben in Gutachten mehrfach festgestellt, daß es sich dabei nicht um Betrug welcher Art auch immer handeln kann, daß keine schmerzstillenden oder Sterilität gewährleistenden Mittel, keine chirurgischen Instrumente irgendwelcher Art verwendet werden, daß die höchstens zehnminütigen Eingriffe mit keinerlei Unbehagen des Patienten während oder nach der Operation verbunden sind. Als psychologische Bedingungen für diese Geistheilungsoperationen kristallisieren sich heraus:

– eine tief verankerte, wesenhafte Religiosität der Heiler in einem ganz ursprünglichen, dogmenfreien Sinn,

– eine ungewöhnlich entwickelte »Medialität«, d. h. höchstes Geöffnetsein für die jenseitige, die »andere Kraft«,

– ein zumeist wenig entwickelter Intellekt, gewissermaßen ein »kindliches Gemüt« im besten unverfälschten Sinn von starker Unmittelbarkeit des Erlebens,

– persönlicher Spannungsausgleich, also Gleichgewicht von Spannung und Lösung der Lebensenergie, von aktivem Tun und passivem Erleben, harmonisch stabiles Wesen und körperliche Gesundheit.

Nach allem, was wir von mittlerweile zahlreichen und zum Teil höchst kritischen Zeugen dieser operativen Geistheilungen wissen, bewirkt die Vorstellungskraft des Logurgen die Verformung des materiellen Zellengefüges und -verbandes im Körper. Die dazu nötige, starke formende Kraft findet sie durch intensivste Gefühlsbeteiligung. Die Materie ist also auch hier eindeutig den seelischen Kräften untergeordnet. Sie sind das Primäre. Hier geschieht nichts anderes als eine besondere Art der geistigen Heilung, zu der wir schon überzivilisierte Menschen durch den zu weit gehenden Verlust an emotionaler Ursprünglichkeit offenbar nur keinen Zugang mehr finden können.

Alles braucht seine Zeit! Was sich in Monaten, in Jahren, oft in Jahrzehnten an Negativem, an Krankheitskeimen aufgebaut hat, bis es eines Tages dann nach außen offenkundig wird, das kann nicht von heute auf morgen abgebaut werden. Wollen Sie also – ganz besonders zu Anfang, aber auch später, wenn Sie schon geübter sein sollten – nicht zu viel erreichen: eines nach dem anderen! Schritt für Schritt, Stückchen um Stückchen. Ganz selten mag sich einmal beim glücklichsten Zusammentreffen aller Vorbedingungen dafür etwa ein Geschwür von einer Minute zur anderen oder über Nacht auflösen. Sehr oft aber wird es durch die beständige geistige Arbeit daran langsam, aber sicher in seiner inneren Kraft zersetzt und Stück um Stück so lange in seinem Wirken geschwächt und in seinem Umfang verkleinert, bis es sich am Ende total auflöst.

Häufig muß die schlafende, noch untätige Lebenskraft erst geweckt und dann durch die ständig wiederholten Bemühungen so verstärkt werden, daß sie ihre normale Funktion des »natura sanat« überhaupt erst wieder übernehmen kann. Gerade beim sogenannten zivilisierten, in Wahrheit überzivilisierten und naturfremd gewordenen Menschen unserer Zeit, der sich einseitig an Hilfe von außen gewöhnt hat, ist das oft der Fall. So besorgen die regelmäßig wiederholten Heilungsanstrengungen das stetige Wachsen der aktiv werdenden Lebensenergie, die dann von einem Tag zum anderen in ein krankes Gewebe einzuschießen und es zu heilen vermag.

Deshalb: Wenn Sie sich um geistige Heilung bemühen, dann nicht nur heute, sondern auch morgen, übermorgen und über die Zeit hinweg. Der Lohn Ihrer Mühe wird Ihnen nicht versagt sein. Aber *bemühen Sie sich ganz und ungeteilt, ohne jenen lähmenden inneren Zweifel,* ob sich die Heilung schnell genug einstelle, ob sie sich in vollem Umfang einstelle. Darin liegt immer ein geschwächter, ja ein schwacher Glaube, dem es an Durchschlagskraft fehlen muß. Die Heilung wird in erster Linie nicht von der Zeit, sondern vom tiefverwurzelten Glauben daran bewirkt. Der Zeitfaktor, so wichtig er ist, ist demgegenüber nur sekundär. Heilen zu wollen und zugleich Zweifel daran zu haben, ist doch nichts anderes, als wenn einer ein Medikament zu sich nähme und zugleich das Gegenmittel, das seine Wirkung wiederaufhebt. Aus dem gleichen Grund soll die

Aufmerksamkeit ja auch nicht an der Krankheit oder an der seelischen Schwäche kleben, sondern sie soll sich auf das erstrebte positive Ziel hin konzentrieren. Die normale geistige Einstellung soll die des im Grunde heilen Körpers sein, der mit der Erkrankung oder Störung selbstverständlich fertig werden wird. Muß sich denn der, der seine Krankheit zum geistigen Normalzustand werden läßt, noch wundern, wenn sie sich zählebig jeder Besserung widersetzt?

Individuelle Erfahrungswerte

Es bleibt noch eine Reihe von mehr äußerlich erscheinenden oder mehr praktischen Momenten zu bedenken, die für die Technik der geistigen Heilung und für den Heilungsprozeß von Wichtigkeit sind. Die meisten dieser Punkte können verschieden gehandhabt werden, je nach der persönlichen Eignung, Vorliebe und Erfahrung des einzelnen Heilers. Die folgenden Hinweise mögen in erster Linie sicherstellen, daß sich der noch wenig Erfahrene nicht auf eine falsche Bahn begibt.

Zum richtigen Zeitpunkt im Tagesablauf: Hier haben sich zwei Ansichten gebildet. Die einen halten den Zeitpunkt für den günstigsten, wenn man sich in besonderer Weise seelisch-ausgeglichen, wenn man sich möglichst ohne irgendeinen Rest im Lot fühlt. Vor allem dann, wenn man im Innern ein gewisses »Bedürfnis« verspürt, sich gerade jetzt der Aufgabe zu widmen, einem Heilbedürftigen die heilenden Gedanken und Kräfte zukommen zu lassen. Für diese Ansicht spricht, daß »es« ja ständig in unseren unterbewußten Schichten arbeitet. Der dafür Aufgeschlossene, der die Regungen aus seinem Unbewußten feinfühlig zu registrieren vermag, verspürt recht genau, wenn sich seine unterbewußten Kräfte und Fähigkeiten für die Ausübung einer bestimmten Tätigkeit gleichsam einhellig vorformiert haben. Ganz ähnlich wie bei schöpferischen Tätigkeiten erfühlt man es einfach, wenn »es« fließen will. Diesen günstigsten Zeitpunkt gilt es dann verständlicherweise auch auszunutzen.

Dem steht natürlich die praktische Seite des Lebens entgegen: Ist der zu Heilende jetzt in diesen Augenblicken auch gerade in seinem möglichen Höchstmaß aufgeschlossen oder bereit? Läßt sich aus ganz praktischen Gründen des äußeren Lebensablaufs beider Teile dieser Augenblick auch ausnützen? Das mag nur selten der Fall sein. Daher besagt die andere Ansicht, es sei entschieden besser, sich einen ganz bestimmten täglichen Zeitpunkt für die geistige Heilung vorzunehmen und sich darauf einzustellen. Mit dieser Regelmäßigkeit sei dann auch die notwendige Beständigkeit des Bemühens gesichert. Diese Überlegung hat natürlich viel für sich. Wer sich als regelmäßig Meditierender etwa angewöhnt hat, einer fast allgemeinen Gepflogenheit gemäß abends um die neunte Stunde zu meditieren, für den bietet es sich geradezu an, aus der inneren Sammlung seiner Versenkung heraus unmittelbar sein geistiges Heilungsbemühen folgen zu lassen. Aber, um das ganz deutlich zu sagen: Einer allzu starren zeitlichen Fixierung bedarf es in keiner Weise. Denn jegliche gewissermaßen gewaltsame Gedankenkonzentration würde doch keinen Erfolg bringen!

In besonders schwierigen Fällen hat sich der Zeitpunkt am späteren Abend oder ganz früh am Morgen bewährt. Der Patient schläft jetzt, d. h. sein bewußtes Denken schläft. Sein Geist kann nie »schlafen«. Er befindet sich nur in voller Ruhe und ist deshalb ungestört aufnahmefähig.

Zum richtigen Zeitraum: Eine relativ kurze und intensive Bemühung bewirkt mehr als die zu lang ausgedehnte, die dann entweder an der inneren Sammlung des Heilers einbüßt oder den Patienten überfordert. Wenige Minuten genügen zumeist völlig für *eine* Sitzung, deren Ergebnis in der Regel sowieso begrenzt ist. In schwierigen Fällen, besonders wenn ein chronisches Leiden vorliegt, kann nur die stete Folge der Behandlung über ausreichend lange Zeit hinweg den gewünschten Erfolg bringen. Das gilt vor allem auch für Störungen im seelisch-geistigen Bereich. In solchen Fällen ist die tägliche, wenn nicht die täglich mehrmalige Bemühung nötig.

Zum richtigen Ort: Eine ausgesprochen ruhige äußere Atmosphäre in ungestörter Umgebung ist immer vorzuziehen, wenn sie nur erreichbar ist. Wenn nicht, liegt es nur an der Konzentrationsfähigkeit beider Teile, die äußere Umgebung zu vergessen und sich ganz der Aufgabe zu widmen. Nichts nötigt einen, auf störende Geräusche zu achten, wenn man sich der heilenden Kraft öffnet.

Die räumliche Entfernung bei der Fernheilung ist absolut ohne Bedeutung. Ob sich der Patient im Nebenzimmer oder Tausende von Kilometern entfernt befindet, bleibt gleichgültig. Die feinsten Energieschwingungen kennen praktisch keine räumliche Begrenzung. Ähnlich wie wir auf unserer Erde noch Funksignale aufnehmen können von Weltraumsonden, die einige Jahre brauchten, bis sie ihr vorberechnetes Ziel erreichten.

Zum richtigen Handauflegen bei der Kontaktheilung: Welche Hand ist die geeignetere? Im allgemeinen die generell belebtere, also beim Rechtshänder die rechte, beim Linkshänder die linke. Jeder fühlsame Mensch spürt rasch, in welcher Hand sich in den nervenreichen Geweben der Handflächen und der Fingerspitzen das Fließen des Kraftstroms intensiver anzeigt. Es macht sich normalerweise bemerkbar durch deutlich wahrnehmbare Wärme-, ja Hitzeentwicklung, ausnahmsweise bei manchen Menschen auch durch Kältegefühl, vielfach durch gewisses Vibrieren oder Prickeln, ja bis zum Gefühl von leichtem »Stechen« wie mit hundert feinen Nadeln, das aber in keiner Weise schmerzt. Diese Hand sollte dann zum Auflegen oder zum Strahlen in den feinstofflichen Körper hinein benutzt werden. Gelegentlich berichten erfahrene Heiler, die Rechtshänder sind, daß sich bei ihnen die stärkere Wirkung nach einiger Übung von der rechten in die linke Hand hinein verschoben hat. Das scheinen aber Ausnahmen zu sein.

Wirkungsvoller als der unmittelbare Kontakt der aufgelegten Hand ist vielfach *das Strahlen der heilenden göttlichen, geistigen Kraft* nicht direkt in den materiellen Körper, sondern *in den feinstofflichen Körper hinein.* In welcher Entfernung sollten dabei die Hand oder die beiden Hände über dem Körper, über der zu heilenden Körperpartie gehalten werden? Auch diese Frage beantwortet sich am besten durch die persönliche Erfahrung. Mit steigender Übung lernt der Heiler rasch, die »Dichte« des feinstofflichen Körpers in Handflächen und Fingerspitzen zu fühlen. Wenn er jetzt die heilende Energie in erster Linie in den feinstofflichen (den »Seelen«-) Körper hineinlenkt mit der intensiven Vorstellung seiner Gesundung, der durch nichts getrübten Wiederherstellung seiner ursprünglichen Form und Dichte, seiner natürlichen Strahlung und Vibrationen, dann bewirkt das oft noch besser und rascher die Gesundung des grobstofflichen Körpers, der ja – wie wir gesehen haben – eigentlich nur sekundär von Bedeutung ist (S. 47 ff.). Hierbei empfiehlt es sich, nicht nur eine, sondern beide Hände einzusetzen.

Manchmal erlebt der geübte Heiler intuitiv gewisse Weisungen der jenseitigen Kräfte, der »heilenden Geister« für seinen Patienten, die dessen eigenes Zutun betreffen. Sofern er die innere Sicherheit dazu erworben hat, wird er sich diesen Weisungen selbstverständlich nicht verschließen und sie in entsprechender Form weitergeben.

Der bewußte Einsatz des Atems kann eine große Hilfe sein, ganz besonders für den, der die Berufung zum geistigen Heiler in sich verspürt. Zur meditativen Einstellung auf die direkt bevorstehende Heilungsbemühung wurde schon auf Seite 99 das dort unmittelbar Wichtige gesagt. Bei dieser Gelegenheit und darüber hinaus für die Förderung der inneren Entwicklung überhaupt können Sie *folgende Übung* machen: Stellen Sie sich vor und erleben Sie in Ihrem Innern, wie Sie zugleich mit der Atemluft Lebensenergie und innere Kraft in sich aufnehmen, ja hineinsaugen, und wie Sie mit der Ausatemluft alles Negative, alle schädlichen Elemente aus Ihrem Organismus, aus Körper und Seele, von sich weggeben, gleichsam aus sich hinausstoßen. Üben Sie das immer wieder einmal nur für wenige Minuten (Vorsicht vor Überventilation!). Sie werden bald merken, welche inneren Kräfte Ihnen dadurch zuwachsen! Besonders wirkungsvoll ist diese Übung abends kurz vor dem Einschlafen und morgens als erstes nach dem Erwachen und Aufstehen.

Eine weiterentwickelte Form dieser Atemübung erleichtert es vielen besonders am Anfang ihrer Heilungsbemühungen, die »andere Kraft« an der richtigen Stelle zum Fließen zu bringen. Wir können uns diese Übung in drei Stufen erarbeiten. Machen Sie sich in der ersten Stufe ganz bewußt, daß es der Geist ist, der den Leib belebt und ihn in jeder seiner Zellen erfüllt. Dadurch versteht und erlebt sich der Heilende in seiner Wesenheit als mit Gott und den heilbringenden göttlichen Kräften verbunden, die er auch an dafür bedürftige Menschen weiterleiten kann. In der zweiten Stufe atmen Sie mit jedem Einatemzug diese göttliche Heilkraft (»Prana«) in sich ein und leiten sie während der körperlichen Ausatmung in den gesamten Körper, in seine Abermilliarden von Zellen hinein. So wird der ganze Organismus in seinem innersten Wesen davon erfüllt. In der dritten Stufe ändert sich an der besonderen Art des Einatmens nichts. Sie *wissen* jetzt, daß die göttliche Heilkraft in Körper und Seele–Geist einströmt. Beim Ausatmen leiten Sie sie in Liebe und Hingebung zu dem Menschen oder zu den Menschen hin, denen es zu helfen gilt. Stellen Sie sich dabei lebendig vor, wie sie Körper und Seele–Geist des anderen erfüllt und ganz durchdringt, speziell ein befallenes Organ oder das, was die besondere Schwierigkeit zu überwinden hilft. – Wer anfangs so übt, wird später den Punkt der Entwicklung genau verspüren, wo er die große Kraft unabhängig vom Atem fortlaufend fließen lassen kann und darf, also ohne die periodische Unterbrechung durch das Einatmen.

Übrigens: Es gibt nur eine einzige Möglichkeit zur *Prüfung der persönlichen Heilungsfähigkeit.* Sie liegt darin, daß man es ernsthaft versucht. Stellen sich gewisse Anfangserfolge ein, dann bildet sich oft (ähnlich wie bei neugebackenen Führerscheininhabern) ein ungesundes, weil aus dem ICH wachsendes Selbstbewußtsein mit übertriebener Selbstsicherheit, der dann die Enttäuschung auf dem Fuße folgt. Durch diese kritische Phase muß man hindurchgehen. Dann kommt man in der rechten Weise mit sich selbst ins reine, dann wächst das jetzt gesunde Selbstvertrauen, und mit ihm stellt sich – meist langsam, aber dann sicher – der ersehnte Erfolg ein.

Zum Schluß *nochmals der Hinweis: keinerlei Verkrampfung,* keinerlei gewaltsame Ausrichtung des Denkens! Weil das mit die größte Schwierigkeit vor allem für den Beginnenden ist, sei hier erneut eindringlich darauf hingewiesen. Das gilt in gleicher Weise für Heiler und den zu Heilenden. Wer merkt, daß er dieser Überkonzentration verfallen ist, die aus dem bloßen Intellekt und dem übermäßig zusammengerafften Willen herauskommt, kann seine Heilungsanstrengungen getrost abbrechen. Denn das Fließen der großen Kraft ist in diesem Fall blockiert (s. auch Seite 99 f.).

Der Sonderfall »Glaubensheilung«

Von der geistigen Heilung, wie wir sie nun kennengelernt haben, müssen wir eine bestimmte Art der Heilungsmöglichkeiten durch den Geist ausklammern, die sich am besten unter dem Begriff der Glaubensheilung zusammenfassen läßt. Sie setzt den absoluten, durch nichts getrübten Glauben des Kranken an seine in Wahrheit gegebene Gesundheit und daher an seine selbstverständlich volle Gesundung voraus. Die bekanntesten Vertreter dieser Richtung sind die vor gut 100 Jahren von Mrs. Baker-Eddy begründete »Christliche Wissenschaft« (Christian Science), der Japaner Taniguchi und der deutsche Heiler JOHN (Günther E. Schwarz).

Das Besondere dieser Lehre liegt darin, daß die Schöpfung als etwas von vornherein absolut Vollkommenes gesehen wird. Die Welt, in der wir leben, sei nur ein Schattenbild der wahren und einzigen Wirklichkeit, die nun einmal makellos sei. Auch das wahre Wesen des Menschen sei nicht materiell und insofern der Krankheit gar nicht fähig. Deshalb sei die Krankheit nur eine Illusion, sie existiere nur in unserem Bewußtsein. Sie sei sozusagen nur der fleischgewordene Glaube an die Existenz der Krankheit.

Der Mensch als ein Kind Gottes sei seinem unabänderlichen Wesen nach jedoch gesund. Da es nur ein einziges Bewußtsein im Universum gebe, müsse man sich selbst nur in die Übereinstimmung mit dem Universum, mit Gott bringen. Daher darf man auch nicht einen einzigen Gedanken an die Krankheit verschwenden. Man darf nur an die Fülle und Harmonie der Schöpfung, an die Vollkommenheit Gottes, an das absolute Heilsein aller Wesen und damit auch der eigenen Person denken. Also darf man sich selbst und das von der vermeintlichen Krankheit befallene Organ nur als völlig gesund sehen. Die Krankheit verschwindet, wenn ihr negatives Bild gegen die positive Einstellung des totalen Genesenseins ausgetauscht wird. Denn alle Wesen sind in Wahrheit Kinder Gottes, sind Buddhas – und als solche vollkommen. Das ist die einzige Wirklichkeit.

Verschiedene Heiler dieser Richtung, so auch JOHN, die wir zur Unterscheidung getrost Glaubensheiler nennen dürfen, betonen eindringlich die Notwendigkeit, *immer wieder Gott zu danken* dafür, daß alles gut ist. Und zwar ohne Rücksicht auf die vorhandenen Schmerzen und Schwierigkeiten. Der Dank trägt ja die bewußte Anerkennung des Dankenswerten, also des Positiven, in sich und schaltet damit, wenn er den Menschen ganz ausfüllt, alles Negative wie Ängste und Hingabe an die Mißlichkeiten des Krankseins aus. Darin liegt zweifellos sein allgemeingültiger großer psychologischer Wert, und das natürlich auch im Sinn der Glaubensheilung.

Soweit diese Lehre. Es soll in keiner Weise bestritten werden, daß auch diese besondere Heilmethode in ihren verschiedenen Richtungen zu gesundheitlichem Fortschritt, ja zu völligen, zuweilen an Wunder grenzende Heilungen geführt hat. Viele Menschen haben durch sie ihre Gesundheit, seelisch und körperlich, wiedergefunden. Das gilt für die Selbst- und auch für die Fremdheilung, bei der sich der Kranke im Regelfall innerlich voll und ganz an seinen Heiler anschließt.

Wenn das ganz unbestreitbar der Fall ist, dann deshalb, weil *diese Lehre zum Teil durchaus mit dem übereinstimmt,* was auch hier als die notwendige Voraussetzung für das erfolgreiche geistige Heilen herausgestellt wurde. Deshalb kann der Kranke – wohl mehr unbewußt als bewußt – die göttliche, die jenseitige Kraft, die Urenergie, die alles schafft, im Sinn der Darlegungen dieses Buches auch für sich aktivieren und damit seinen Heilerfolg bewirken.

Worin liegt nun der wesentliche Unterschied? Die »Christliche Wissenschaft« und die anderen Verfechter der Glaubensheilung leugnen die Krankheit, bezeichnen sie als bloße Illusion, weil sie philosophisch vom absoluten Idealismus ausgehen. Aber dem stellen sich die Fragen entgegen: Ist die Materie so vollkommen wie die geistige, die göttliche Kraft, wie die alles schaffende und lenkende universale oder kosmische Energie, wie »Gott« selbst? Kann der aus materiellem Fleisch und Blut geschaffene Körper (im Gegensatz zum belebenden Geist) die göttliche »Vollkommenheit an sich« in sich tragen? Und: Muß es dem Schwerkranken beim Erdulden seiner ständigen Schmerzen und Behinderungen, beim Darniederliegen mit gebrochenen Gliedmaßen usw. nicht bei allem seinem Glauben an Gott verständlicherweise außerordentlich schwerfallen, an die natur- und gottgegebene Unversehrtheit, an die ungestörte Gesundheit seines Körpers zu glauben und davon tatsächlich überzeugt zu sein? Als von seinen Sinnen abhängiges Gefühls- und Erlebniswesen, das er in seiner menschlichen Hülle doch zunächst einmal ist, erlebt er ja in eindringlicher Art das Gegenteil! Wir leben doch in dieser Welt der materiellen Unvollkommenheit und nicht in der idealen Geisteswelt.

Warum also diese Lehre von der Illusion der Krankheit? Die Antwort ist einfach, wenn wir uns auf den Kern der Aussage besinnen, die die Anhänger der Glaubensheilung immer wiederholen: Alle Wesen, auch der Mensch, seien in Wahrheit Kinder Gottes und als solche so vollkommen wie Gott. Der Japaner Taniguchi sagt direkt, alle Menschen seien in Wahrheit Buddhas. Hier liegt der Gedankensprung, den es zu erkennen gilt: Wenn wir Kinder Gottes sind, sind wir dann Gott in seiner Vollkommenheit absolut gleich? Wohl trägt jeder von uns die göttliche Natur in sich. Das wurde in diesem Buch auch des öfteren deutlich hervorgehoben. Aber deswegen *sind wir doch noch lange nicht Gott selbst in seiner absoluten Vollkommenheit!* Es ist doch nur das uns Menschen in dieser Welt gar nicht erreichbare Endziel aller unserer Bemühungen, uns mit Gott zu vereinigen. Und wie weit sind wir davon entfernt! Wenn der Buddhismus in seiner Sprache sagt: Jeder Mensch trägt die Buddhanatur in sich, dann bringt er genau das gleiche zum Ausdruck: Dann sind wir noch lange nicht Buddha, also der vollkommen Gewordene, endgültig ins Reich des reinen Geistes Eingegangene.

Im Weg dazu steht uns das ICH, das wir erst mühsam genug überwinden, besser gesagt: voll einordnen müssen in unsere Gesamtpersönlichkeit, bevor sie sich zu vergeistigen in der Lage ist. Und, um bei Buddha und einem seiner Kernsätze zu bleiben: »Das Leben ist Leiden.« Weil wir durch nichts anderes so sehr wie durch das Leiden den Anstoß bekommen, uns zur menschlichen Vollkommenheit hin weiterzuentwickeln. So wie der große Mystiker Meister Eckehart sagt: »Das schnellste Roß, das Euch zur Vollkommenheit trägt, ist Leiden . . . Nichts ist so gallebitter wie Leiden; und nichts so honigsüß wie gelitten haben.« Sind von da her gesehen Krankheit und Schmerz in jedem Fall etwas, was es besser nicht gäbe?

Diese doch zwingende Überlegung kann uns klarmachen, daß die *Heilerfolge der Glaubensheilung* im eigentlichen Sinn *nicht ihrer besonderen Lehre zuzuschreiben sind,*[18] *sondern zwei Faktoren:*

– Der erste ist, wie schon betont, die echte Aktivierung der jenseitigen, der göttlichen, der »anderen« Kraft, die auch bei ihr bewirkt wird oder zumindest bewirkt werden kann, in dafür glücklichen Fällen sogar in hohem Grad.

– Und der zweite ist die Wirkungskraft der Suggestion, der gezielten Selbst- oder Fremdbeeinflussung, und die dadurch erreichte Weckung der unerhörten Wirkungskraft der Vorstellung. Bezeichnend, daß auch nahezu alle Glaubensheiler immer wieder den französischen Apotheker Coué als Kronzeugen für sich zitieren, der vor rund 100 Jahren als erster diese Kraft zur Heilung von Schwerst- und hoffnungslos Kranken systematisch einsetzte. Die Kraft der Suggestion ist eine absolute Realität. Denn die zur Suggestion verdichteten intensiven Gedankenwellen sind zielgerichtete schwingende, fließende Energie, die bei dem dafür durchlässigen Menschen ins Geistig-Unterbewußte hineinwirken und die zuständigen Nervenzentren entsprechend beeinflussen. Gerade bei gefühlsbetonten Naturen ist das oft in erstaunlicher Weise der Fall. So können Krankheiten hervorgerufen und so können Krankheiten beseitigt werden. Wer die geistige Kraft des suggestiv geweckten Vorstellungsbildes bezweifelt, der braucht sich nur der großen Menschenverführer aller Zeiten und Völker zu erinnern!

Warum wird geheilt?

»Herr, mach mich zum Werkzeug Deines Heils:
wo Krankheit ist, laß mich Heilung bringen;
wo es Verwundungen gibt, Hilfe;
wo es Leiden gibt, Linderung;
wo Traurigkeit herrscht, Trost;
wo Verzweiflung ist, Hoffnung;
wo der Tod ist, Einwilligung und Frieden.
Gib, daß ich nicht so sehr danach trachte,
mich zu rechtfertigen, als zu trösten;
Gehorsam zu finden, als zu begreifen;
geehrt zu werden, als zu lieben . . .
Denn dadurch, daß wir uns selber schenken,
bringen wir Heilung,
dadurch, daß wir zuhören, spenden wir Trost,
und durch das Sterben werden wir geboren
zum ewigen Leben.«
(Gebet des großen Heilers Franz von Assisi)

»Die Ernte ist groß, aber der Arbeiter sind wenige.«
Matthäus 9,38

»Bemüht Euch um die Achtsamkeit: Es ist der gerade Weg zur
Erlösung.«
Gautama Buddha

Jetzt haben wir uns mit der Heilungstechnik und dem Heilungsprozeß so weit auseinandergesetzt, daß jeder aufmerksame Leser, der sich ernsthaft um seine innere Weiterentwicklung bemüht und sich aus einer tiefen Zuwendung zu seinen Mitmenschen heraus dazu berufen fühlt, den Weg dieser tätigen Liebe beschreiten kann. Da bleibt zum Ende dieser Betrachtungen nur noch übrig, die Gründe dafür nochmals ganz deutlich herauszustellen, soweit sich das aus den bisherigen Darlegungen nicht schon hinreichend ergeben sollte. Für das, was dieses Buch will, erscheint das von großer Wichtigkeit zu sein.

Erweckung der Seelen zur wahren Wirklichkeit des Lebens

Hinter allen Bemühungen einer geistigen Heilung an sich selbst oder für andere sollte das Erkennen der größeren Aufgabe, sollte eine höhere Zielsetzung stehen: *das Beschreiten des Weges, der zu unserem höheren, zum eigentlichen SELBST führt.* Des Weges, auf dem wir erkennen, daß wir in dieser Welt nur eine Gastrolle spielen, jedoch eine von großer Verantwortlichkeit für unsere Zukunft, für unser Weiterleben in unserer wahren Heimat, aus der wir gekommen sind und in die wir zurückkehren werden. *Unser Körper,* von dem so viele Menschen heute glauben, er sei der eigentliche Träger ihres Seins und ihres Lebens, *ist doch nur ein Fleisch und Blut gewordener Niederschlag des Geistes.* Er ist nur sein Diener, aber niemals sein Herr und Meister. Nach allem, was wir uns klargemacht haben, kann unsere Existenz in dieser irdischen, an die Materie gebundene Lebensphase nichts anderes sein als gleichsam nur ein Hauch des großen, des allumfassenden, des alles schaffenden und alles erhaltenden Geistes, der Urenergie, die in allem und jedem, was da ist in diesem gewaltigen Universum, fließt und schwingt – dessen, was wir religiös als Gott bezeichnen.

Diese Erkenntnis sollte hinter unseren Bemühungen um Heilung durch die geistige Kraft stehen. Das ist ihr tiefster Sinn, daß sich diese Erkenntnis in uns zur absoluten Gewißheit verdichtet und daß wir sie aus der tiefen eigenen Überzeugung heraus ausströmen lassen auf alle Menschen, denen wir in irgendeiner Weise direkt oder indirekt eine Hilfe sein dürfen. Wenn wir unseren eigenen und deren Ausblick in dieser Weise weiten, indem wir *unseren so materiell erscheinenden Lebensweg vergeistigen,* dann sind wir auf dem einzig wahren Weg, der uns nicht in die Irre führt. Dann sind wir in unserer noch so kleinen menschlichen Existenz Erscheinung und Zeugnis des Großen Geistes und seiner unermeßlichen Kraft, die auch uns aus der einzig wirklich existierenden Welt, der großen Geisteswelt, zufließt.

Dann sind wir auch auf dem Weg, *aus unserem kleinen ICH –* das uns in dieser Welt zunächst so unendlich wichtig erscheint – *herauszuwachsen in unser persönliches SELBST.* Dann können wir darauf vertrauen, daß wir die große Aufgabe einer echten Reifung in dieser Welt soweit erfüllen, wie es uns nur möglich ist. Diese Reifung kann uns nur zuteil werden, wenn wir unser ICH, nachdem wir es zuerst aufgebaut haben, um uns in dieser Welt behaupten zu können, dann wieder abzubauen lernen, indem wir uns einfügen in die große Ordnung des Geschehens. Das ist – vom Standpunkt unseres ICH – die Tragik, und es ist zugleich – vom Standpunkt unseres SELBST und seinem notwendigen weiteren Wachstum – das Glück unseres Lebens.

So können wir die Seelen erwecken zur wahren Wirklichkeit des Lebens, die sich hinter dem äußeren Sinnenschein verbirgt. Unser Dasein hier ist ja nichts anderes als nur eine durch Beschränktheit und Unvollkommenheit gekennzeichnete Phase, eine vorübergehende Episode unseres eigentlichen Lebens. Allerdings eine von großer Tragweite für das, was uns später erwartet, wenn wir in die Realität unseres eigentlichen Lebens zurückgekehrt sein werden. Denn nichts anderes als der Geistes- und Bewußtseinszustand, den wir uns hier erarbeiten und mit dem wir aus diesem Leben scheiden, bestimmt über unser weiteres Dasein dort. Die Seele kann ihren Wesenskern nur erkennen, sie kann zu sich selber nur finden durch ständige Arbeit an sich selbst, die oft alles andere eher als leicht ist. »Wer immer strebend sich bemüht, den können wir erlösen.« (Goethe im Faust)

Das ständige strebende Bemühen ist gekennzeichnet durch Schwierigkeiten und Leid. Denn »das Leben ist Leiden«, um den berühmten unverblümt formulierten Satz Gautama Buddhas noch einmal zu zitieren.

Das Leiden kommt nirgendwo anders her als aus unserem zumeist so übermächtigen ICH. Es kommt her aus der inneren Disharmonie in uns selbst. »Der Grund, warum ich großes Übel leide, ist, daß ich ein ICH habe. Hätte ich kein ICH, welches Übel gäbe es dann noch?« sagt der chinesische Weise Lao Tse. Anders ausgedrückt: Die geistige Blindheit, die den tiefen, auf Gott zielenden Sinn des Lebens nicht sieht, ist die eigentliche Ursache aller Leiden.

Die seelisch-geistigen Krankheitskeime sind Angst, Unbeherrschtheit, Unduldsamkeit – alles Kinder unseres ICH. Solange wir im Bann unserer Unwissenheit darüber bleiben, müssen wir leiden, können wir nicht gesunden. Nur wenn wir das erkennen, kommen wir auf den Weg. Auf den Weg, der uns vom Leiden erlöst, der uns befreit.

Dann sind wir getragen vom Geist, vom *Vollbewußtsein unseres SELBST, das die »zwei Seelen, die ach in unserer Brust wohnen«* (Goethe), *in sich harmonisch vereinigt:* unser emotional-unbewußtes Lebensgefühl und das rational-bewußte Erkennen unseres ICH, unseres begrenzten materiellen Seins. Dann tauchen wir ein mit unserem Geist, mit unserem individuellen Bewußtsein in das große, universale, kosmische Bewußtsein, in den großen alles umfassenden Geist, in das göttliche Wesen. In ihm sind wir geborgen. Hier ist unsere wahre Heimat. Hier können wir ruhen. Hier sind wir eins mit der allgewaltigen geistigen Einheit des Universums, eins mit Gott. Dann sind wir zur Wahrheit erwacht.

Auf diese göttliche Vollkommenheit hinzustreben, ist letztlich die Aufgabe, der wir in dieser Welt zu genügen haben. Sie bedeutet die Weckung und Vertiefung der göttlichen Kraft in uns. Wenn wir uns an diese große Kraft anschließen, erfährt unsere persönliche Lebensenergie die Stoßkraft, die sie braucht, um mit allen Schwierigkeiten fertig werden zu können. Und nur so können wir das oberste aller Gebote, aus dem sich am Ende alle anderen ableiten, das Gebot der Liebe, der selbstlos tätigen Liebe, d. h. der liebevollen, hilfreichen Zuwendung zu unseren Mitwesen, befolgen. Im Vertrauen auf die göttliche Kraft, im Frieden mit sich selbst seinen Geist mit Liebe zu erfüllen, heißt alle Not hinter sich lassen, mag es einem auch äußerlich wenig »gut« gehen.

Wer diesem Ziel auch nur ein Stück näher kommt, in dem *verändert sich seine Einstellung zu unserem körperlichen Leben und seinem Ende* – dem Tod – von Grund auf. Die meisten Menschen unserer Zeit verdrängen den Tod ebenso wie Krankheit und Alter als etwas ausschließlich Negatives, als Stück des Wertwidrigen schlechthin. Wer auf den rechten Weg gekommen ist, der fängt an zu begreifen, ja der weiß, daß das Sterben nichts anderes ist als die große Befreiung von den Beschränkungen unseres Körpers, die Befreiung aus dem menschlichen Eingeschlossensein in die Ichheit mit seiner individuellen Vereinzelung und seiner Ich-Befangenheit, die Loslösung, die *Er*lösung, die Ausweitung, die Erhöhung aus dem ICH in das hinein, wozu wir am Ende bestimmt sind.

Betrachten wir es aus dem Blickpunkt, den wir uns aus gutem Grund zu eigen gemacht haben: Alles, was da existiert, ist schwingende und fließende Energie. So gesehen ist das übliche Kleben am ICH doch nur Verhärtung der Schwingungen, die nur Sperren in unseren Körper und in unsere Seele bringt. Das Sterben ist dann nichts anderes als ein Stück des Wiedereingehens in das gewaltige Schwingungsfeld des Alls, des Aufgehens darin. Wir mögen es Gott oder Kosmos oder TAO oder Nirvana oder das Nichts oder sonstwie nennen.

Es ist gewiß kein Zufall, daß – wie immer wieder berichtet wird – so viele Sterbende, die ihren Tod bewußt erleben und annehmen, mit einem friedvollen Gesicht, oft heiter, ja geradezu selig lächelnd aus dieser Welt gehen. Sie sind im Begriff, die

Schwelle zu einem Dasein zu überschreiten, das von den Beschränkungen des körperlichen ICH befreit, das ein beglückendes Stück freier und weiter geworden ist. Sie sind wahrhaft erlöst aus dem Leiden dieses Daseins.

Weshalb sollten wir also Angst vor dem Tod haben? Was uns diese Angst eingibt, ist doch bloß die Auswirkung unserer beschränkten Körperlichkeit in unserer animalisch-materiellen Welt. Ist es etwa vermessen zu sagen, daß der Tod für unser wahres SELBST, für unseren feinstofflichen Energieleib, für unseren Geistkörper als dem wahren Träger unserer Individualität nichts anderes sein kann als *die große Befreiung,* die große Labsal, da wir erwachen zur wahren Wirklichkeit des Lebens? »In der Welt habt Ihr Angst« (Johannes 16,33). Diese Angst schwindet dahin.

Die rechte Lebensführung des Heilenden

Wenn es die höhere Zielsetzung aller geistigen Heilungsbemühungen ist, uns zum Erkennen der wahren Wirklichkeit des Lebens hinzuführen, dann bleibt im Hinblick auf unser Leben in dieser Welt noch die ganz praktische Frage offen, wie wir dieses Leben gestalten sollten. Denn der weise Mensch, der auch nur anfängt, hinter die äußeren Fassaden und Kulissen dieses Lebens zu blicken, kann nicht einfach so in den Tag hinein leben, wie das normalerweise geschieht. Er kann es gar nicht verhindern, sich seine Gedanken darüber zu machen, wie er seine tagtägliche Lebensführung in Einklang mit seinen wachsenden Erkenntnissen zu bringen habe. Denn er spürt sehr genau, daß er sonst in eine unerträgliche Unaufrichtigkeit hineingleiten würde. Er erkennt, daß das einzig Mögliche für ihn nur sein kann, die wahren Werte, die sich ihm in steigendem Maß erschließen, in seinem Alltag praktisch zu leben. Das wird ihm mehr und mehr zur Verpflichtung. Worauf es dabei ankommt, läßt sich in drei Grundgedanken zusammenfassen.

1. *Allzeit liebevoll denken, liebevoll reden und liebevoll handeln.* Die schönsten Worte um die wichtigste aller Tugenden, die Liebe, bewirken nichts. *Nur die tätige Liebe zählt.* Die tätige

Liebe, die sich in der ganz praktischen Hilfe für die Hilfsbedürftigen, die sich im echten Dienst am leidenden Mitmenschen erweist. Die bemüht ist, niemandem zu schaden, negative, Neid- oder gar Haßgefühle oder Rachegedanken gar nicht aufkommen zu lassen, wenn das Menschliche, das Allzumenschliche sich rühren möchte. Die tätige Liebe, die sich auch im duldsamen Entgegennehmen von Mißgeschick zeigt, das einem andere bereiten. Die tätige Liebe, die menschliches Leid, wo immer es ihr begegnet, im Gedächtnis bewahrt und bei nächster Gelegenheit Hilfe bringt, zum Beispiel auch in aller Stille die göttlichen Kräfte um ihre Hilfe bittet.

Von den alten Römern ist uns in der Prägnanz der lateinischen Sprache das Wort überliefert: do ut des – »Ich gebe, damit Du gibst«. Hier steht deutlich der Zweck des Gebens im Vordergrund. Streichen wir das ut, das »damit«, und ersetzen wir es durch das et, das »und«: *do et des* – »*Ich gebe und Du gibst*«. Wer die Großzügigkeit und die Kraft aufbringt, als erster von sich aus zu geben, ohne vorherige Frage danach, was er wohl dafür von der anderen Seite erhalten möge, der weckt damit das Anständigkeitsgefühl, die guten Kräfte im Herzen des anderen und nötigt ihn fast, dann auch von sich aus etwas zu geben.

Wie oft, wenn zwischen zwei Menschen eine Spannung aufkommt, sorgt das ICH hartnäckig dafür, daß ein jeder auf seinem Standpunkt, seiner vermeintlich absoluten Unschuld beharrt: Nur der andere ist schuldig! Und so gräbt sich die Spannung tiefer und tiefer in die Herzen ein. Sein ICH zu überwinden und dem anderen im Bekennen seines eigenen Fehlers die Hand entgegenzustrecken, bewirkt fast mit Sicherheit, daß sich dieser im Erfühlen seiner Engherzigkeit etwas zu schämen beginnt, die entgegengestreckte Hand aufnimmt und nun von sich aus auch seinen Beitrag zum Aufkommen der Spannung bekennt: Der Frieden ist wiederhergestellt. Auch das ist ein Stück der tätigen Liebe, wie sie nur durch die Überwindung des ICH zustande kommen kann. Es ist das Gesetz von Geben und Nehmen, bei dem immer das Geben an der ersten Stelle steht, das zweckfreie Geben, das Aufgeben des ICH.

Wer aus seinem ICH heraus einem anderen etwas antut, der tut es sich selber an: Sein ICH wird noch stärker. Er belädt sich selbst mit dem Negativen, das er in die Welt setzt, und es bleibt an ihm haften. Ob es ihm bewußt wird oder nicht: Am Ende muß er es selbst büßen. Durch den Verlust an menschlicher Zuwendung durch die anderen, durch die irgendwie immer in ihm arbeitenden Schuldgefühle, mag er sie noch so sehr verdrängen oder in irgendeine sich gerade bietende Richtung abreagieren wollen. Er muß es also büßen durch die Belastung seines eigenen Wesens, durch das Karma, das er in die Zukunft mitnehmen und von dem er sich mühselig genug dann wieder befreien muß. Gerade dieser Satz: »Was Du einem anderen tust, das tust Du Dir selbst!« kann uns in der täglichen Lebensführung vor so viel Unheil bewahren!

2. *Unserer Lebenskraft nur gute, nur positive Beeinflussung geben.* Erinnern Sie sich immer wieder daran: *Jeder Gedanke ist eine Kraft.* Vergessen wir es im Alltag nicht! Alles Unschöne, Mißlichkeiten, Fehlschläge, Ärger, quälende Zweifel, Angst, auch das Aufgehen in den oberflächlichen Alltäglichkeiten: Alles das arbeitet in uns weiter, je mehr wir uns ihm hingeben. Um so mächtiger und übermächtiger muß es werden gegenüber den guten Kräften in uns. Jeder Gedanke ist als schwingende, fließende Energie eine Kraft, die ihrerseits die weitergreifenden psychodynamischen Kräfte unseres Organismus weckt, bewegt und steuert.

Ergeben wir uns vertrauensvoll der positiven Zuversicht, dem Glauben an die unendliche Wirkungskraft des Guten und Heilsamen, gehen wir mit Freude und Mut an unser Tagewerk, und unsere eigenen bescheidenen Kräfte werden von ihrer Wurzel her gestärkt und in ihrem Wirken beflügelt von der großen, der jenseitigen unerschöpflichen Kraft, von der sie ja nur eine winzige, schwächliche Spur sind. Was auch immer wir im Leben bewirken, was immer wir erleben und erreichen, es ist doch alles in uns selbst zugrunde gelegt. Niemand kann etwas anderes ernten als das, was er zuvor gesät hat. Denn das ist ein unumstößliches Gesetz: Was einer sät, das wird er ernten! Es gilt ausnahmslos für jeden von uns.

3. *Dankbar sein für alles, was uns begegnet.* Ob uns etwas zunächst als positiv oder negativ, als gut oder schlecht Emp-

fundenes widerfährt – *alles, was wir erleben, ist unser Leben.* Wir können es annehmen oder dagegen ankämpfen: Es ist unser Leben! Wenn wir es im Rahmen der großen Ordnung sehen, wenn wir begriffen haben, daß Schwierigkeiten und Leid uns das Tor zur richtigen Arbeit an uns selbst und zur weiteren Entwicklung und Vervollkommnung öffnen, dann wissen wir, daß auch das Leiden für uns notwendig ist; mag es uns im Erleiden auch noch so schmerzen. Dann können wir auch das Leid annehmen. Im gleichen Augenblick, da wir uns dem demütig beugen, was uns geschickt wurde, was uns zugefallen ist (»Zu-fall«!), verliert das Leiden seinen Stachel. Es rückt gleichsam in eine höhere Ebene hinauf, in der wir es akzeptieren und seines Übels entleeren können. Denn wir wissen: Es dient am Ende zu unserem Besten. Deshalb können wir dafür dankbar sein. Also dankbar sein für alles, was uns auch immer begegnet.

Wo sind wir hier anders als bei dem, was der religiöse Mensch das »*Gottvertrauen«,* der nicht formal-religiös gebundene die »*Schicksalsgläubigkeit*« nennt? Der eine wie der andere übergibt sich vertrauensvoll dem, was das Leben für ihn bereithält. Er beugt sich dem, was er doch nicht ändern kann. Er verzichtet auf die sinnlose und seine Kraft fruchtlos aufzehrende Auseinandersetzung mit »schicksalhaften« Widrigkeiten. Und wer in seiner Entwicklung in die dazu nötige Reife hineingewachsen ist, der weiß, daß er sich in jeder Situation zu bewähren hat, daß er ständig gefordert ist, dem großen Gesetz zu genügen. *Für den wird jede Situation, die ihm begegnet,* zur Bewährungschance, *zur in der Tat besten Gelegenheit,* die in dieser Form nicht wiederkehren kann, sich nicht als ICH, sondern in der höheren Sphäre des SELBST zu erweisen. Was ihm auch widerfährt, er sieht es als die im Hier und Jetzt einmalig gebotene Möglichkeit, sich in eben diesem Hier und Jetzt in diesem Sinn zu beweisen und zu bestätigen. »Da wo Du stehst, ist heiliger Ort«: So hat es ein Zen-Meister im alten Japan formuliert.

Nichts anderes als eben das bringt der Satz Buddhas zum Ausdruck: »*Bemüht Euch um die Achtsamkeit: Es ist der gerade Weg zur Erlösung.*« Wer diesen Satz verstanden hat, der kann darin ein ganzes Lebensprogramm für sich erkennen.

Achtsam seinem Körper, seinen Mitmenschen, seinen Gefühlen und Gedanken, allem seinem Tun zu begegnen, ist die hohe Geistesschulung im Sinn des »achtfachen« oder des »mittleren Pfades« des Buddha. Der Zen-Lehrsatz »*Tue, was Du tust*« besagt in seiner prägnanten Forderung genau das gleiche.[19] Diese Achtsamkeit im Alltag ist die eigentliche buddhistische Meditation, die den Menschen von seinem Fundament her so auf den rechten Weg bringen kann wie kaum etwas anderes. Denn die richtige Meditation ist Sammlung des Geistes auf einen Punkt. Und sie verläßt uns im Zeichen dieser Achtsamkeit zu keiner Stunde.

Und was steht bei all dem immer im Hintergrund? Nichts anderes als das menschheitsalte Problem: *das LASSEN am ICH.*
– Lassen wir am ICH nicht unseres ICH willen: Das ICH stünde doch wieder dahinter!
– Lassen wir am ICH einem anderen Menschen gegenüber nicht um eines Dankes willen: Auch hier stünde doch wiederum nur unser ICH dahinter, denn nur das ICH verlangt nach Dank!
– Lassen wir am ICH ausschließlich der großen Ordnung willen, in die wir Menschen eingebettet sind; lassen wir am ICH, religiös ausgedrückt, Gott zu Ehren: Erst jetzt ist unser LASSEN frei vom ICH! Erst jetzt sind wir frei. Erst jetzt können wir von Herzen froh sein. Auch wenn diejenigen, denen gegenüber wir lassen, es gar nicht merken sollten, auch wenn wir keinen Dank dafür bekommen sollten: Es wird uns nicht anfechten.
Dem schwäbischen Pietisten Friedrich Christoph Oetinger aus Murrhardt (1702–1782) verdanken wir ein Gebet, das mit anderen Worten in seiner Wirkung das Gleiche zum Ausdruck bringt und das schon vielen Menschen auf den rechten Weg verholfen hat:

> O Herr,
> *gib mir die Kraft,*
> Dinge, die ich nicht ändern kann,
> mit Gelassenheit hinzunehmen;
> *gib mir den Mut,*
> zu ändern, was geändert werden kann und muß,

und gib mir die Weisheit,
das eine vom anderen zu unterscheiden.

Immer wieder sind wir bei den vier buddhistischen Tugenden: der Güte oder Liebe (der Grundforderung aller Hochreligionen), dem Mitleid, der Mitfreude und dem Gleichmut. Hätten wir den *Gleichmut oder die Gelassenheit* nicht, wie könnten wir angesichts all des Elends und der ungezählten Leiden in dieser Welt bestehen? Gleichmut ist nicht Gleichgültigkeit. Die Gleichgültigkeit sieht Elend und Leid nicht. Es fehlt ihr die echte Zuwendung zum Mitmenschen, es fehlt ihr die Liebe. Der Gleichmut sieht Elend und Leid sehr wohl: Er weiß, daß sie angenommen werden müssen in dieser Welt, weil auch sie – wie wir sahen – ihren tiefen Sinn haben. So versucht er nach Kräften, Elend und Leid zu mildern, aber im tiefen Vertrauen auf die große Ordnung zerbricht er nicht daran. Er weiß sich eingebettet in das große Geschehen. »Von allen Seiten umgibst Du mich und hältst Deine Hand über mir«, Psalm 139,5.

Muß noch betont werden, daß mit diesen Gedanken gerade die Grundeinstellung eines geistigen Heilers in besonderer Weise berührt ist? Das Reich Gottes ist in uns. Die Buddhanatur ist in jedem von uns. Wenn wir uns im Sinn der echten re-ligio, der Wieder-Verbindung mit der großen, jenseitigen Kraft, mit der unendlichen Urenergie, der Wieder-Verbindung mit Gott ernsthaft bemühen, dann können und werden wir eines Tages sein: damit eins, eins mit Gott. Das gilt es, immer wieder auch ganz bewußt zu erkennen und dafür aus tiefem Herzen zu danken.

Dann wird sich unser Leben von Grund auf ändern: Wir werden bemüht sein, mit unserer bescheidenen Kraft vielen Menschen auf geistigem Weg zu helfen. Und dann können wir sicher sein, daß auch uns geholfen wird von der allgewaltigen Kraft, die über allem steht, wie immer wir sie nennen.

Der Verfasser dieses Buches gibt, zumeist zusammen mit seiner Frau, der Entspannungspädagogin Marie-Luise Stangl, Kurse nach den hier dargelegten Grundsätzen. Genaueres ist zu erfragen bei: Dr. A. und M.-L. Stangl, D-6121, Rothenberg (Odenwald).

Anmerkungen

1 Über diese »Symptomatologie« finden Sie Genaueres ausgeführt in dem Buch von A. und M.-L. Stangl »Lebenskraft«, Econ Verlag, Düsseldorf und Wien 1974 oder in seiner Taschenbuchausgabe »Das Entspannungsprogramm« (Heyne-Taschenbuch Nr. 4595) im zweiten Teil über die Leib-Seele-Einheit.

2 Siehe den grundlegenden ersten Teil des in der Anmerkung 1 erwähnten Buches, der die lebenswichtige Spannungslehre darstellt: Der Mensch zwischen Spannung und Lösung seiner Kraft.

3 Genaueres finden Sie im ersten Teil des Buches (siehe Anmerkung 1) sowie in dem Ratgeber von A. Stangl »Die Sprache des Körpers«, Econ Verlag, Düsseldorf und Wien 1977.

4 Andreas, P./Kilian, C. »Die phantastische Wissenschaft«, Econ Verlag, Düsseldorf und Wien 1973, Seite 50.

5 Siehe Seite 108 und Anmerkung 15.

6 Siehe Literaturverzeichnis.

7 Siehe Literaturverzeichnis.

8 Siehe Literaturverzeichnis.

9 Siehe Literaturverzeichnis.

10 Genaueres finden Sie in meinem Buch »Die Sprache des Körpers« (Anmerkung 3).

11 Siehe auch A. und M.-L. Stangl »Lebenskraft«, Econ Verlag, Düsseldorf und Wien 1974, im letzten Kapitel des zweiten Teils (Anmerkung 1).

12 Wie bemerkenswert, daß der große Physiker Erwin Schrödinger (Die »Schrödingersche Wellenfunktion«) – der Ende der zwanziger Jahre zusammen mit Einstein, Heisenberg, Broglie die Materie entmaterialisiert hat – in seinen weiterführenden philosophischen Überlegungen zu dem Ergebnis kam, daß auch die uns selbstverständlich erscheinende Individualität des Bewußtseins ebenfalls nur eine Illusion ist und daß es in Wirklichkeit nur *ein* Bewußtsein geben kann, das die verschiedenen Formen von Bewußtsein in sich vereinigt. Im letzten Kapitel seines bekannten Werkes »Was ist Leben?« sagt er: »Bewußtsein ist der Singular

für etwas, dessen Plural unbekannt ist. Es gibt nur *ein* Etwas, und die scheinbare Pluralität ist nichts als eine Serie von verschiedenen Aspekten dieses Etwas.«

13 Ein sehr schönes Beispiel finden Sie bei Johann Christoph Hampe »Sterben ist doch ganz anders«, Seite 126 (siehe Literaturverzeichnis).

14 Die genaueren Kenntnisse dazu sollten nur in einer persönlichen Unterweisung gegeben und das praktische Verfahren persönlich eingeübt werden, wie das zum Beispiel in den Ausbildungskursen des Verfassers und seiner Frau geschieht (siehe den Hinweis auf Seite 138).

15 Siehe den dritten Teil des in der Anmerkung 1 erwähnten Buches sowie das Buch »Jede Minute sinnvoll leben« von M.-L. Stangl, das viele durch die Eutonie gekennzeichnete Übungen für den Alltag vermittelt.

16 Siehe die Anmerkung 2.

17 Genaueres darüber siehe in dem Buch »PSI« von Ostrander/Schroeder, Seite 244 ff. (Literaturverzeichnis).

18 Wie wäre es sonst zu erklären, daß Mrs. Baker-Eddy selbst lange Jahre ihres Lebens bis zu ihrem Tod an einem schweren Leiden litt, von dem sie ihre eigene, oft als unfehlbar bezeichnete Lehre nicht befreien konnte?

19 Darüber Genaueres im Schlußkapitel des in der Anmerkung 1 angegebenen Buches.

Literaturverzeichnis

(Für die besonders interessierten Leser wird auf das ausführliche Literaturverzeichnis im Buch von Stangl »Lebenskraft« bzw. »Das Entspannungsprogramm« hingewiesen. Die im folgenden angegebenen Werke sind im wesentlichen nur Ergänzung dazu hinsichtlich des besonderen Themas des vorliegenden Buches.)

Andreas, Peter, und Kilian, Caspar: Die Phantastische Wissenschaft, Econ, Düsseldorf 1973

Bailey, Alice A.: Esoterisches Heilen, Rohm, Bietigheim 1962

Blavatsky, Helena Petrowna: Die Geheimlehre, Couvreur, Den Haag o. J.

Bohm, Werner: Chakras. Lebenskräfte und Bewußtseinszentren im Menschen, Barth, München 1974

Cerminara, Gina: Many Mansions. The Edgar Cayce Story of Reincarnation, New American Library, Bergenfield, New York 1967
– Erregende Zeugnisse von Karma und Wiedergeburt, Bauer, Freiburg 1978

Challoner, K. H.: Das Rad der Wiedergeburt. Ein Bericht über frühere Inkarnationen, Hirthammer, München 1976

Delacour, Jean-Baptiste: Aus dem Jenseits zurück. Berichte von Totgeglaubten, Econ, Düsseldorf 1973

Dethlefsen, Thorwald: Das Leben nach dem Leben, München 1974

Edwards, Harry: Geistheilung, Bauer, Freiburg 1975
– Praxis der Geistheilung, Bauer, Freiburg o. J.

Ford, Arthur: Bericht vom Leben nach dem Tod, Scherz, Bern 1973

Fromm, Erich: Die Kunst des Liebens, Ullstein, Frankfurt 1975

Fromm, Suzuki und De Martino: Zen-Buddhismus und Psychoanalyse, Reinbek 1971

Gebsattel, Viktor-Emil Frhr. v.: Prolegomena einer medizinischen Anthropologie, Berlin 1954

Hampe, Johann Christoph: Sterben ist doch ganz anders, Kreuz, Stuttgart 1977

Herzog, E.: Psyche und Tod, Zürich 1960

Humphreys, Christmas: Karma und Wiedergeburt, Barth/Scherz, München 1974
– Zen, Teach Yourself Books, London 1976
Jacobson, Nils-Olof: Leben nach dem Tod? Über Parapsychologie und Mystik, Econ, Düsseldorf o. J.
Johari, Harish: Das große Chakra-Buch, Bauer, Freiburg o. J.
John (Günther E. Schwarz): Geistige Selbstheilung, Krün 1974
Kolle, K.: Psychiatrie, Stuttgart 1961
Kübler-Ross, Elisabeth: Interviews mit Sterbenden, Kreuz, Stuttgart 1977
– Was können wir noch tun? Kreuz, Stuttgart 1977
– (Hrsg.): Reif werden zum Tode, Kreuz, Stuttgart 1977
Leadbeater, C. W.: Die Chakras. Eine Monographie über die Kraftzentren im menschlichen Ätherkörper, Bauer, Freiburg 1965
Lowen, Alexander: Bioenergetik. Der Körper als Retter der Seele, Scherz, Bern 1976
van Lysebeth, André: Yoga für Menschen von heute, Gütersloh 1970
Moody, Raymond A.: Leben nach dem Tod, Rowohlt, Reinbek 1977
– Nachgedanken über das Leben nach dem Tod, Rowohlt, Reinbek 1978
Murphy, Joseph: Die Macht Ihres Unterbewußtseins, Ariston, Genf 1975
Ostrander, Sheila, und Schroeder, Lynn: PSI, Scherz, Bern 1973
Plattner, Gabriel: Yoga – ein Ja zum Leben, Fischer, Frankfurt 1977
Scharf, Siegfried: Die Praxis der Herzensmeditation, Aurum, Freiburg 1976
Schmidt, K. O.: So heilt der Geist, Drei-Eichen, Engelberg 1978
– Der geheimnisvolle Helfer in Dir, Bauer, Freiburg o. J.
Spiesberger, Karl: Die Aura des Menschen, Bauer, Freiburg 1973
Spraggett, Allen: Ross Peterson – The New Edgar Cayce, Jove Publications, New York 1978
Stangl, Anton und Marie-Luise: Das Entspannungsprogramm. Ein praktischer Wegweiser zu innerer Ruhe und neuer Lebenskraft, Econ, Düsseldorf 1974; als Taschenbuch Nr. 4595 bei Heyne, München 1978
– Lebenskraft. Selbstverwirklichung durch Eutonie und Zen, erweiterte Neuauflage des ebengenannten Werkes, Düsseldorf 1978
Stangl, Marie-Luise: Jede Minute sinnvoll leben. Vertrauen zu sich selbst gewinnen, Econ, Düsseldorf 1976
Stevenson, Jan: Reinkarnation. Der Mensch im Wandel von Tod und Wiedergeburt, Aurum, Freiburg 1977
Strauß, Alfred: Theurgische Heilmethoden, Ansata, Schwarzenburg, Schweiz 1979

Taniguchi, Masaharu: Die geistige Heilkraft in uns, Bauer, Freiburg 1976

– Leben aus dem Geiste, Bauer, Freiburg 1976

Tompkins, Peter, und Bird, Christopher: Das geheime Leben der Pflanzen, Scherz, Bern 1973

Weizsäcker, Viktor Frhr. v.: Diesseits und jenseits der Medizin, Stuttgart 1950

Wiesenhütter, Eckart: Blick nach drüben, Furche, Bielefeld 1974

Wunderli, Jürg: Moderne Psychosomatik, Goldmann, München 1970

– Licht aus dem Osten? Arche, Zürich 1974

Yesudian, Selvarajan und Haich, Elisabeth: Sport und Yoga, Fankhauser, Thielle 1949

– Yoga in den zwei Welten, Fankhauser, Thielle 1951

Yogananda, Paramahansa: Wissenschaftliche Heilmeditationen, Barth, Weilheim 1975